OUVRAGES DU MÊME AUTEUR

Extraits du Catalogue de la Librairie Dardel :

Jean-Jacques Rousseau en Savoie . . . . . . 9 fr.

Notes sur Joseph de Maistre inconnu . . . . 6 fr.

Un poète savoyard : Amélie Gex . . . . . . 9 fr.

La Révolution en Savoie . . . . 5 fr.

Figures du Temps de la Révolution en Savoie (1re série) . . . . 8 fr.

En préparation :

Figures du Temps de la Révolution en Savoie (2e série).

Les Correspondants de Joseph de Maistre.

JOSEPH DE MAISTRE

ÉMIGRÉ

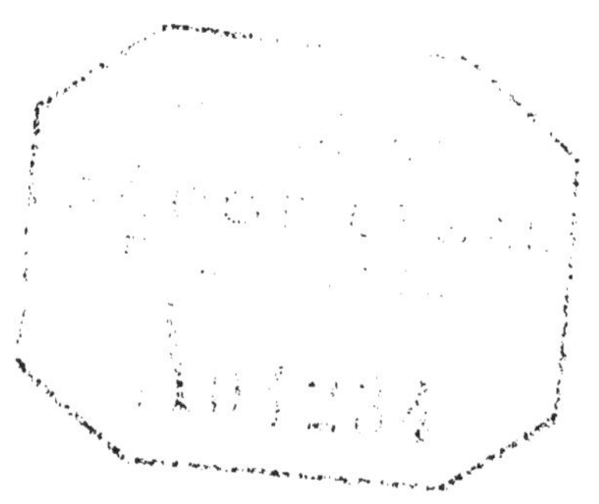

F. VERMALE

JOSEPH DE MAISTRE

ÉMIGRÉ

LIBRAIRIE DARDEL
CHAMBÉRY

1927

LIVRE Ier

J. de Maistre avant l'Emigration

(1753-1789)

CHAPITRE I

Un jeune magistrat
(1753-1780)

Il y avait environ onze ans que J.-J. Rousseau avait quitté les Charmettes et Chambéry lorsque naquit, dans cette ville, Joseph de Maistre, le 1er avril 1753.

Son père, venu du comté de Nice (1) à Chambéry pour y exercer, à 34 ans, les fonctions de sénateur, devint président de chambre au Sénat de Savoie. Il s'était marié dans sa nouvelle résidence avec la fille d'un magistrat savoisien. La famille fut nombreuse, 14 enfants. — Joseph, l'aîné, eut un frère, Xavier, de dix ans plus jeune, qui devait atteindre, comme lui, à la gloire littéraire.

Le président François-Xavier Maistre était tout entier adonné aux devoirs de ses fonctions et à sa nombreuse famille. Ennemi du monde, il vécut un peu en « sauvage ». Sévère pour lui-même, il le fut pour les autres. Ne nous étonnons donc pas si J. de Maistre nous dit que « dès le berceau il fut abîmé dans les études sérieuses ».

En contraste avec la sévérité de ce père « bourru », la mère de J. de Maistre était douceur et piété. Le malheur voulut qu'il la perdît brusquement d'une pneumonie alors qu'il avait quinze ans. Ce fut un grand deuil pour toute la famille.

* * *

A Chambéry, les Jésuites n'enseignaient plus au Collège Royal. Néanmoins, les Rois de Sardaigne avaient laissé subsister cet Ordre dans leurs Etats. J. de Maistre, dont la famille fut toujours amie des Jésuites, reçut des leçons des Pères qui vivaient à Chambéry comme professeurs libres. Ils ne devaient quitter la Savoie qu'en 1773, après leur suppression par l'autorité pontificale.

A 18 ans, J. de Maistre fut licencié en droit de l'Université de Turin et l'année suivante docteur (1772). Revenu à Cham-

(1) Au contrat de mariage de Joseph de Maistre, son père est porté comme étant natif de la ville de Nice.

béry, il fit le stage obligatoire de deux ans pour les futurs avocats ou magistrats, au bureau de l'*Avocat des pauvres* ou bureau de l'assistance judiciaire près le Sénat de Savoie. Le 6 décembre 1774, il entrait dans la magistrature, ayant été nommé *Substitut surnuméraire de l'avocat général fiscal*, nous dirions aujourd'hui, ayant été nommé attaché au Parquet général. Sous la royauté sarde, les magistrats étaient choisis par le Roi. Ils n'étaient pas propriétaires de leur charge. Ils recevaient des traitements. Dans sa lettre de remerciement au Roi en date du 10 décembre 1774, J. de Maistre proteste auprès du chancelier, et non sans orgueil, « qu'il ne s'apercevra jamais » qu'il est « *le plus jeune des magistrats* » de son Roi (1).

*
* *

A partir de cette année (2) commença pour J. de Maistre la vie de fonctionnaire où, de tout temps et sous toutes les latitudes, les congés ont représenté le suprême bonheur. Il aspirera donc chaque année aux vacances judiciaires afin de parcourir la Savoie dans de longues excursions, rendre visite aux amis, chasser, pêcher, nager. De taille moyenne (3), de santé robuste, il aimait marcher à pied ou exécuter des randonnées à cheval. Aussi maugréait-il quand les nécessités du tour de rôle lui imposaient le service des vacations.

« J'ai passé d'assez tristes vacances, écrira-t-il à un de ses cousins en 1777, si j'en excepte 5 à 6 jours passés à Sonnaz fort agréablement et un tout petit voyage à Thônes où je croyais m'ennuyer dans une gargotte et où j'ai trouvé au contraire pendant 6 jours la plus aimable compagnie. La renommée vous a appris que je suis allé dans ce pays avec M. Deville pour une sotte dispute entre un prêtre et des moines. Tout le reste de mon temps a été dépecé en petites parcelles de 5 à 6 jours. Tantôt par une circonstance, tantôt par l'autre, je n'ai de séjour ni de plaisir suivi nulle

---

(1) B. Secret : *Lettres inédites de Joseph de Maistre.* (Mémoires de la Société savoisienne d'histoire, t. LXIX.)

(2) En 1774, J. de Maistre se rendit à Nice auprès de ses parents du côté paternel. Au cours de ce voyage, il faillit se fiancer. (Edit. Vitte, t. 10, p. 169.)

(3) Cf. de Falloux : *Mme Swetchine*, 2 vol., Paris ; t. I, p. 427.

part, en sorte que je touche à la fin des vacances sans savoir ce que j'en ai fait » (1).

Tenu par ses fonctions et par les conseils de son père à un certain isolement et méfiance du monde, J. de Maistre, jeune magistrat, se consolait de la vie un peu claustrée qu'il était obligé de mener à Chambéry par la vie de famille et la fréquentation de quelques amis. La maison paternelle est redevenue gaie. Ses frères, ses sœurs aiment à rire (2), sont pétulants d'esprit et d'intelligence. Les enfants Maistre, 5 garçons et 5 filles, forment une « petite république familiale » qui admit toujours volontiers sa présidence. A un de ses parents que le sort avait moins bien partagé de ce côté-là, il écrivait : « Je suis aimé de tout ce qui m'environne et tu penses bien que je ne suis pas un ingrat » (3). Plus tard, en Russie, il se rappellera ce temps heureux : « Une seule chose n'a jamais varié, c'est l'esprit de famille et le souvenir de nos jeunes années; mon cœur sur ce point est d'une fraîcheur qui demande ton approbation » (4).

*
* *

En dehors de sa famille, J. de Maistre se bornait à cultiver l'amitié de quelques amis de choix. De l'amitié n'a-t-il pas écrit : « Amitié ! trésor du sage ! charme de la vie ! jouissance délicieuse et presque céleste puisqu'elle n'appartient qu'à l'âme et ne peut être goûtée que par la vertu ! Que serait l'univers s'il n'était plus embelli par l'amitié ? » Il eut à Chambéry deux amis (5) : le comte Salteur de la Serraz et le comte Henri Costa de Beauregard.

Le premier était le fils du Premier Président au Sénat de Savoie. Il fut le collègue de J. de Maistre dans une carrière où ils étaient entrés presque en même temps. Quoiqu'il n'égalât Henri Costa ni « en élévation de tête ni en chaleur d'entrailles » (6), J. de Maistre l'aimait parce que « excellent

(1) Cf. Fr. Descostes : *Joseph de Maistre avant la Révolution* ; 2 vol. ; t. II, p. 73.

(2) Fr. Descostes : *Joseph de Maistre avant la Révolution* ; op. cit., t. II, p. 197.

(3) Fr. Descostes : *Joseph de Maistre avant la Révolution* ; op. cit., t. II, p. 191.

(4) J. de Maistre : *Œuvres complètes* ; édit. Vitte, t. XIII, p. 417

(5) J. de Maistre. Edit. Vitte, t. XIII, p. 314.

(6) J. de Maistre. Edit. Vitte, t. XIII, p. 314.

garçon ». Il fut son fidèle Achate et fut de sa suite dans ses diverses pérégrinations maçonniques.

Le deuxième était l'héritier d'une grande famille de Savoie. Lui aussi était à peu près du même âge que J. de Maistre. Longtemps il avait pensé se livrer à ses goûts pour les beaux-arts. Il était allé prendre des leçons de peinture à Paris. Son influence, quand il eut donné sa démission d'officier, semble avoir été considérable sur l'évolution intellectuelle de J. de Maistre. Ce dernier, dans une lettre de Russie, l'appellera : « le compagnon, le consolateur de ma jeunesse, l'animateur de mes efforts et l'objet constant de ma tendresse » (1).

Le chevalier Roze, qui fut aussi un jeune collègue très sympathique à J. de Maistre, ayant eu à prononcer le discours de rentrée du Sénat en 1777 (2), soumit à la censure de Salteur et de J. de Maistre sa harangue. Le cahier des remarques, que les deux amis rédigèrent, démontre qu'à cette époque J. de Maistre n'avait point « d'orgueil parlementaire ». Roze ayant en effet affirmé au cours de son discours que « seuls les magistrats savaient dire la vérité aux rois », J. de Maistre demanda à son collègue de supprimer ce passage. « Ce privilège exclusif de dire la vérité aux rois ne nous appartient ni dans le droit ni dans le fait. » On peut juger par cette remarque que J. de Maistre n'avait pas la mentalité ordinaire aux membres des Parlements de France qui, eux, entendaient former dans l'Etat monarchique le premier ordre de la nation, conseiller et au besoin commander le roi.

* * *

Le 14 février 1780, J. de Maistre, qui depuis novembre 1777 avait un traitement de 600 livres, devint *Substitut de l'avocat général fiscal près le Sénat de Savoie.* Son avancement était peu rapide pour un fils de président ! Ce fut bien pis pour arriver sénateur. Il attendit dans ce poste de substitut huit ans avant d'être nommé sénateur. Comment expliquer ce retard dans l'avancement ? Nous serions disposés à croire que, dès cette époque, J. de Maistre fut victime de son *dossier secret*, dossier dont il ne soupçonna

(1) J. de Maistre. Edit. Vitte, t. XIII, p. 317.

(2) Fr. Descostes : *Joseph de Maistre avant la Révolution* ; op. cit., t. II, p. 73 et suiv.

l'existence que par les révélations ultérieures de son protecteur, le baron Vignet des Etoles. A Turin, on lui reprochait son esprit railleur, son manque de souplesse. Il était compté parmi les partisans des réformes dangereuses pour la conservation de l'état monarchique, et des idées d'égalité. C'était bien mal le connaître. Mais J. de Maistre s'était fait à Chambéry des ennemis d'un ordre particulier qui le desservirent fortement dans les bureaux des ministères. Ce point vaut qu'on s'y arrête.

CHAPITRE II

Le « Mémoire » sur la Franc-Maçonnerie, de 1782

Au cours de ses années d'études à Turin, J. de Maistre avait été reçu franc-maçon (1). La date exacte de son initiation nous ne la connaissons pas, mais nous savons que, le 13 octobre 1774, J. de Maistre était *Grand Orateur* de la maîtresse loge des *Trois Mortiers* à Chambéry. Cette loge de rite anglais avait été fondée par Eugène de Bellegarde, marquis des Marches, général au service de la Hollande.

La loge des *Trois Mortiers*, dont J. de Maistre fut un temps *Grand Orateur*, était une loge aristocratique. Elle comprenait en moyenne de 100 à 120 membres. Parmi eux il y avait des nobles de Savoie, des sénateurs, des fonctionnaires d'administrations diverses, beaucoup d'officiers nobles servant dans des régiments de cavalerie ou à l'étranger, des médecins, des avocats, quelques bourgeois.

En 1778, une scission se produisit dans la loge des *Trois Mortiers*. Seize adhérents de cette loge, dont Joseph de

---

(1) Georges Goyau : *La pensée religieuse de Joseph de Maistre* ; 1 vol., Paris, 1921. — Emile Dermenghem : *Joseph de Maistre mystique* ; 1 vol., Paris, 1923. — Paul Vulliaud : *Joseph de Maistre franc-maçon* ; 1 vol., Paris, 1926. — F. Vermale : *La Franc-Maçonnerie savoisienne à l'époque révolutionnaire* ; 1 vol., Paris, 1912. — F. Vermale : *Joseph de Maistre inconnu* ; 1 vol., Chambéry, 1921.

Maistre et son ami Salteur, quittèrent le rite anglais pour ouvrir la loge la *Sincérité*, laquelle pratiqua un rite maçonnique nouveau, dit rite écossais ou de la *réforme*. Ces francs-maçons écossais accusaient le rite anglais de n'être plus qu'un prétexte à banquets et à beuveries scandaleuses. Les *réformateurs* entendaient rappeler leurs adhérents à plus de décence dans les tenues, les inciter à aborder des spéculations d'un ordre élevé, exiger d'eux des devoirs de charité plus actifs. Ensuite J. de Maistre et ses amis adhérèrent à la franc-maçonnerie des Illuminés martinistes dont un centre très actif était à Lyon.

La grande maîtresse loge des *Trois Morliers* ne vit pas d'un bon œil ce schisme qui diminuait sa puissance. En 1780, elle fit défense à ses adhérents de fréquenter les francs-maçons écossais, d'assister directement ou indirectement à leurs travaux. C'était la rupture, la mise à l'index de la *Sincérité* et de ses adhérents. Il y eut lutte, rivalité d'influence. Il est vraisemblable d'admettre que J. de Maistre, un des auteurs du schisme, fut desservi à Turin. D'autant plus facilement que nobles et magistrats savoisiens, en général, se plaignaient d'être l'objet d'un mouchardage constant de la part des Piémontais qui étaient nommés en plus grand nombre, d'année en année, dans les administrations de Savoie. Or la loge la *Sincérité* ne comprenait que des frères savoyards. Motif de plus pour qu'elle parût suspecte.

Pour ceux qui ne croient pas au secret maçonnique et qui admettent que, sous tous les régimes, les gouvernants furent plus ou moins renseignés sur ce qui se passait à l'intérieur des loges, il faut que nous signalions une série d'imprudences que J. de Maistre commit au cours de son activité maçonnique en tant que sujet et fonctionnaire royal.

D'abord, en adhérant à la *réforme écossaise*, il quittait le *Grand Orient* de Chambéry et de Turin pour se mêler à des loges dont le centre principal était en Allemagne et se relier à la province d'Auvergne dont la capitale était Lyon. Par là même, tout gouvernement digne de ce nom devait être mis en garde. La *Stricte Observance* avait bien un but charitable et un but religieux, mais elle avait aussi un but politique national et international comme un but particulier de protection occulte de ses membres vis-à-vis des administrations de l'Etat. Cela constituait des empiètements très nets sur les prérogatives royales. La monarchie absolue de Sardaigne, de nature jalouse et soupçonneuse, ne pouvait admettre le conseil des loges, alors qu'elle n'admettait pas ou supportait mal le conseil des ordres de l'Etat, comme noblesse, clergé, tiers état. D'où il faut conclure que J. de Maistre n'était pas un fonctionnaire royal d'une orthodoxie parfaite. Il sentait le fagot. Aussi fut-il marqué à l'encre rouge et, plus tard, quand le mot devint à la mode, ses ennemis de Turin disaient de lui qu'il était un « jacobin ».

*
* *

Le 15 juin 1782, J. de Maistre, en sa qualité de grand dignitaire de la *réforme écossaise*, achevait d'écrire, à Chambéry, un *Mémoire sur la Franc-Maçonnerie* qu'il adressait, à titre personnel, au duc Ferdinand de Brunswick-Lunebourg, grand-maître de la Stricte Observance allemande.

Ce *Mémoire*, dont M. Georges Goyau a parlé le premier et que vient de publier, avec introduction et des notes, M. Dermenghem (1), comprenait 64 pages d'un cahier « d'une écriture très fine et très serrée ». Lorsque J. de Maistre le composa, il avait 29 ans, l'âge « où les sentiments sont vifs et impérieux ».

Cet ouvrage nous révèle un J. de Maistre pourvu de vastes connaissances (2) historiques, philosophiques, théologiques ou scientifiques, familier des auteurs grecs et latins ; très au courant du mouvement des idées philosophiques en Angleterre ou en France et considérant Descartes comme « le grand restaurateur de la philosophie ».

Le *Mémoire* nous révèle encore un J. de Maistre écrivain philosophique de premier ordre. Dans une matière où les auteurs se complaisaient aux obscurités, son style est net, vivant, tranchant. On dirait déjà la langue des *Soirées de St-Pétersbourg*. C'est le même verbe, le même besoin de boxer son adversaire afin de le convaincre. Il emploie déjà

(1) Emile Dermenghem : *La Franc-Maçonnerie, Mémoire au duc de Brunswick* ; 1 vol., Paris, 1925.

(2) Mme Swetchine dira de J. de Maistre : « Racine, Montaigne, Molière, La Fontaine, Corneille, étaient sans cesse sur ses lèvres ; de Voltaire il avait tout lu, *tout retenu, tout sans excepter ce qu'on n'avoue guère*... Il n'avait pu se soustraire entièrement au prestige de l'éloquence de Rousseau. » (De Falloux : *Mme Swetchine*, op. cit., t. I, p. 428.)

les procédés du style elliptique que nous aimons aujourd'hui et dont il use avec affectation dans les *Soirées*, quand il veut donner à sa pensée toute sa force, tout son relief. — Exemple : parlant de Voltaire, J. de Maistre termine son portrait, dans les *Soirées*, par cette phrase célèbre : « Suspendu entre l'admiration et l'horreur, quelquefois je voudrais lui faire élever une statue... par la main du bourreau. » Dans le *Mémoire*, il écrira des philosophes français du XVIIIe siècle : « Ils ont guéri nos préjugés, disent-ils. — Oui, comme la gangrène guérit les douleurs. »

Le *Mémoire* au duc de Brunswick constitue, pour ceux qui étudient J. de Maistre, la révélation d'un J. de Maistre mystique, ayant réfléchi longuement, par et à l'occasion de la Franc-Maçonnerie, à une foule de problèmes. Pour avoir atteint de tels résultats, il avait fallu que le jeune substitut se livrât à un travail extraordinaire de recherches et de lectures fort variées. Cette puissance d'attention que Ste-Beuve admirera et comparera à celle des humanistes du XVIe siècle, J. de Maistre n'avait pas attendu l'émigration à Lausanne, ni le long hiver russe pour l'appliquer aux études les plus diverses. A 29 ans, J. de Maistre était une sorte d'encyclopédie vivante.

*
* *

Au point de vue religieux, ce qu'il faut retenir du *Mémoire sur la Franc-Maçonnerie*, c'est que J. de Maistre, à l'encontre d'un Chateaubriand ou d'un Senancour (1), n'avait pas été détourné par les philosophes français de sa foi catholique. Mais s'il était resté catholique, J. de Maistre n'en était pas moins fidèle au catholicisme gallican. Le gallicanisme qu'il affirme est même exagéré, ultra, allant jusqu'au *Joséphisme*, puisqu'il écrit que l'Autriche avait soutenu « depuis peu de temps » l'autorité du Pape dans de « justes bornes ».

Or, le *Joséphisme* avait été au XVIIIe siècle l'atteinte la plus grave aux droits de la Papauté sur le monde catholique. Il faillit soustraire toute une nation à la suprématie pontificale. Un théologien, dans une brochure inspirée par

---

(1) G. Michaut : *Senancour* (*Revue des Deux Mondes*, 1er septembre 1909), et Baldensperger : *Le mouvement des idées dans l'Emigration française* ; 2 vol., Paris, 1925.

Joseph II, affirmait « qu'un pape n'est qu'un évêque de Rome, sa juridiction universelle n'est qu'une usurpation sur les droits des évêques, un attentat contre le gouvernement républicain établi par le fondateur de l'Eglise ».

* * *

Catholique violemment gallican, J. de Maistre, dans ce *Mémoire*, n'a aucun respect pour la hiérarchie ecclésiastique, qu'il exaltera plus tard. Il voudrait par exemple que la Franc-Maçonnerie reprit le rêve de Bossuet, de Liebnitz et d'autres: qu'elle réalisât, en dehors de la Papauté et des théologiens, l'unité du christianisme, la fusion dans le catholicisme gallican des diverses sectes chrétiennes. Il considère que les loges seraient le lieu où catholiques, protestants et orthodoxes, devraient se rencontrer pour causer loin du contrôle des Papes de Rome, de Genève ou de St-Pétersbourg.

Ces vues qui nous semblent subversives aujourd'hui où, grâce à J. de Maistre, l'ultramontanisme a partie gagnée, s'expliquent si l'on veut bien examiner les luttes religieuses au XVIIIe siècle et leur retentissement dans le milieu du Sénat de Savoie auquel appartenait J. de Maistre.

* * *

Le Parlement de Chambéry était gallican (1), mais son gallicanisme était essentiellement pratique. Chargé en effet par son Roi de veiller à l'unité religieuse de son duché, il surveillait avec vigilance les tentatives de prosélytisme des pasteurs de Genève sur les populations voisines de la frontière de cette république. Les sénateurs étaient fort versés dans les matières théologiques afin de pouvoir censurer utilement les livres religieux qui paraissaient ou circulaient dans le ressort de leur Cour souveraine. Ils n'avaient, dans leur gallicanisme intransigeant, aucun scrupule à appeler à leur barre les délinquants ecclésiastiques.

A l'égard du *Pape*, le Sénat de Savoie, comme beaucoup de Parlements français, contestait son autorité. Les bulles

(1) Burnier : *Histoire du Sénat de Savoie* ; 2 vol., Chambéry, 1865 ; t. II, liv. VII.

devaient être enregistrées par lui pour pouvoir être appliquées dans le duché. Le Sénat de Chambéry avait refusé d'enregistrer la célèbre bulle *Unigenitus.*

Cette bulle, du 18 septembre 1713, qui souleva en France des tempêtes, condamnait non seulement l'ouvrage du P. Quesnel, sur les *Réflexions morales*, mais encore le gallicanisme. Dans son zèle gallican le P. Quesnel était allé jusqu'à soutenir que « la crainte d'une excommunication injuste ne doit pas nous empêcher de faire notre devoir». C'était une négation audacieuse de la supériorité du Pape en matière religieuse.

L'épiscopat français fut divisé en deux camps. La majorité des évêques se soumit au Pape, mais il y eut des évêques dissidents. Le Parlement de Paris soutint les dissidents et empêcha la publication de la bulle *Unigenitus.* Le Sénat de Savoie résista au Pape. En mai 1714, l'évêque de Grenoble dont dépendait Chambéry (Décanat de Savoie) ayant, lors de sa visite pastorale, distribué un mandement qui contenait la dite bulle, le Sénat s'émut de cet acte clandestin et fit des remontrances à l'évêque. Pour couper court aux discussions qui pouvaient s'élever au sujet de la bulle, Victor-Amédée II défendit, sous des peines sévères, de parler de cet acte et d'y faire en public la moindre allusion. Quelques prêtres ayant voulu enfreindre ces ordres, les appels comme d'abus se multiplièrent, et l'ordre ne fut point troublé en Savoie.

Néanmoins, malgré la poigne de Victor-Amédée II, la bulle *Unigenitus* fut distribuée et commentée secrètement en Savoie.

En 1719, l'école de théologie de Chambéry qui jouissait d'une certaine réputation, et où enseignaient deux Jésuites, le Père La Tournelle, religieux plein de savoir mais zélé ultramontain, professait ouvertement : «1° que le Pape était infaillible ; 2° qu'il fallait admettre la constitution *Unigenitus* comme article de foi ; qu'on ne devait point en appeler sous peine de condamnation. » Le Sénat avisa Victor-Amédée II. Le Roi ordonna que les cahiers des étudiants en théologie seraient saisis et déposés au greffe du Sénat. Le 1er mai 1719, cette Cour souveraine rendait un arrêt de condamnation contre le Père La Tournelle.

En 1727, l'évêque de Grenoble « exigeait des jeunes ecclésiastiques savoisiens soumis à sa juridiction un double serment contre la doctrine janséniste et en faveur de la bulle *Unigenitus.* Dans le formulaire de prestation, ils déclaraient recevoir cette bulle « comme règle de foi ; et en conséquence regarder l'appel interjeté de ladite constitution comme nul, téméraire et injurieux au Saint-Siège et au corps des pasteurs et schismatiques ». Le Sénat empêcha que l'évêque de Grenoble exigeât désormais que les ecclésiastiques de Savoie souscrivissent aux formules du double serment.

En 1729, les théories gallicanes du Sénat de Chambéry furent pour ainsi dire codifiées dans le *Recueil de la pratique de Savoie dans les matières ecclésiastiques*. Ce recueil ne fut pas publié et resta secret. Deux fois par an, la Compagnie devait entendre la lecture de cet ouvrage. « La *Pratique* est ouvertement gallicane, dit Burnier ; ses autorités sont Fevret, Van Espen, Molina, Salgado et quelques autres docteurs qui ne reconnaissent ni l'infaillibilité du Pape, ni le droit qu'il s'est parfois attribué d'intervenir dans les affaires temporelles de la chrétienté. La *Pratique* ne tient aucun compte des censures fulminées par la bulle *In Cœna Domini* contre les magistrats qui osent juger des gens d'Eglise. » Les évêques de Savoie et une partie du clergé firent une réfutation collective des maximes émises dans la *Pratique* et ils en adressèrent au Roi un exemplaire.

Le gallicanisme en Savoie continua, dans les années qui suivirent, sa lutte victorieuse contre l'ultramontanisme dont les tenants les plus fermes étaient les Jésuites. Victor-Amédée II en 1730 enleva, comme nous l'avons vu, l'enseignement public dans les collèges de Savoie à l'ordre des Jésuites et l'attribua à des prêtres séculiers.

* * *

Sous les successeurs de Victor-Amédée II, alors que la lutte contre les ultramontains et les Jésuites faisait rage en France, il semble qu'au Sénat de Savoie, le gallicanisme ait été en déclin. Le père de J. de Maistre était de la minorité plutôt sympathique à l'ultramontanisme.

Or en 1773, par une contradiction extraordinaire, ce fut la Papauté elle-même qui, craignant de perdre Avignon, peut-être, frappa les Jésuites. Une bulle de Clément XIV, du 21 juillet, abolit l'ordre de St Ignace. Le Sénat de Chambéry enregistra la bulle par arrêt du 4 octobre 1773. Aux yeux de beaucoup de catholiques, la Papauté s'était déshonorée par la bulle *Dominus ac Redemptor*. Dans le milieu du président Xavier de Maistre, la condamnation de Rome retentit douloureusement. Qui sait si cette condamnation ne poussa pas, par réaction, un ancien élève des Jésuites comme J. de Maistre à une sorte de révolte ou de mépris de la Papauté ? Nous n'avons pas de texte à ce sujet, mais nous relevons cette coïncidence troublante : 1773, bulle *Dominus ac Redemptor* ; — 1773, entrée de J. de Maistre dans la franc-maçonnerie.

Pourquoi nous étonner dès lors du gallicanisme outrancier du *Mémoire* au duc de Brunswick-Lunebourg et son mépris de la hiérarchie ecclésiastique ?

Ajoutez à cette constatation que la franc-maçonnerie de rite anglais avait été importée sur le continent par l'écossais Ramsay (1), l'éditeur de Fénelon, très en honneur chez les Jésuites ; que Ramsay passait, au XVIIIe siècle, pour l'héritier intellectuel de Fénelon dont il avait écrit la vie, et vous devinerez assez facilement, il nous semble, les voies mystiques par lesquelles J. de Maistre avait été conduit à entrer dans la franc-maçonnerie ?

CHAPITRE III

J. de Maistre sénateur
(1788)

En 1784, J. de Maistre, doyen des substituts de l'avocat général fiscal près le Sénat de Savoie, vint passer ses vacances au château de Beauregard, propriété de son ami le comte Henri Costa. C'est là qu'il composa son discours pour la rentrée du Sénat : *Sur le caractère extérieur du magistrat ou le moyen d'obtenir la confiance publique* (2). En 1818, il écrira sur ses vacances ce rappel plein de douceur : « Quel nerf vous avez pincé dans mon cœur, cher et digne ami, avec ce mot de Beauregard ! Vous m'avez fait rebrousser de 30 ans

(1) Albert Cherel : *André-Michel Ramsay* ; 1 vol., Paris, 1926.

(2) J. de Maistre. Edit. Vitte, t. VII.

vers l'âge des jouissances et des enchantements. C'est là que j'ai passé quelques jours de ma vie, si pleins, si heureux; c'est là que je composais, en 1784, le discours *sénatorial* dont je possède encore une copie écrite de la main de l'infortuné Lavini et suivi de vos animadversions, très soigneusement reliées à la fin de l'ouvrage » (1).

Si l'on compare ce discours à celui sur la *Vertu* prononcé lors de la rentrée de 1776, on constate qu'autant ce discours est amphigourique, plein d'obscurités, de prosopopées, de sensibleries; autant le discours de 1784 s'efforce d'être simple et direct. Son ami Costa lui faisait juste compliment sur la « nerveuse gravité du style ». Lui-même, en excellent professeur, le poussait à sacrifier «les épithètes superflues, les tournures recherchées » qui sont « comme des mouches placées par mégarde sur le visage de cette aimable prude qui vient de faire ses Pâques ». Il lui conseillait encore « de ne pas altérer la force et la clarté du texte écrit par des obscurités». Il concluait justement : «Le style surtout est, selon moi, bien supérieur à tout ce que j'avais lu de vous », et il lui recommandait de se remettre à l'ouvrage pour donner encore « plus de concision et de force » à certains passages. Concision et force, ce sont deux qualités du style militaire. Il est heureux que J. de Maistre, écrivain, ait eu cet officier pour ami.

*
* *

Malgré les qualités que ce discours révélait de façon indéniable chez son auteur, J. de Maistre ne reçut pas d'avancement. Découragé, il songea un instant à quitter la magistrature. Le 24 juillet 1785, il en faisait confidence à M. le marquis de Barol. Il était tenté par la carrière des lettres : « Dans mon état, ce qu'on fait est un minimum comparé à ce qu'on voudrait faire; tous les jours je me lève avec mille projets, la *scribomanie* me possède, je me sens la tête et quelquefois le cœur gonflés, mais je ne puis rien achever, et, pour ainsi dire, rien entreprendre. Je trouve le soir que le devoir a pris tout mon temps ! Il faut s'endormir comme la veille sans avoir pu suivre aucune de mes vues. Sans doute vous vous formez une idée bien claire de ce tourment. Le besoin de produire sans aucune explosion possible! Il y a de quoi crever. Jugez de la fermentation ?

(1) J. de Maistre. Edit. Vitte, t. XIII, p. 315.

C'est tout juste la machine à Papin. Quelquefois, pour me tranquilliser, je pense (sincèrement, sur mon honneur) que ces espèces d'inspirations qui m'agitent comme une Pythonisse ne sont que des illusions, des sottes bouffées du pauvre orgueil humain, et que si j'avais toute ma liberté il n'en résulterait, à ma honte, qu'un *ridiculus mus*. D'autres fois, j'ai beau m'exhorter aussi bien que je puis à la raison, à la modestie, à la tranquillité: une certaine force, un certain gaz indéfinissable m'enlève malgré moi comme un ballon. Je me perds dans les nues avec Monsieur de l'Empyrée, je voudrais faire : je voudrais, je ne sais, ma foi, pas trop ce que je voudrais. Peut-être cependant que les circonstances me feront vouloir, à la fin, une seule chose. Tiraillé d'un côté par la philosophie, de l'autre par les lois, je crois que je m'échapperai par la *diagonale* » (1). La « diagonale » fut le mariage. J. de Maistre ne s'établit pas philosophe. Il resta magistrat.

*
* *

L'hiver 1785-86 vit un J. de Maistre mondain. Il fréquenta le théâtre, soupa avec des actrices de passage, comme avec Mlle Saint-Val, de la Comédie-Française, qui donna à Chambéry une série de représentations tragiques (2). Il fut pour 100 louis un des vingt souscripteurs de la *Journée anglaise* qui se donna chez le marquis d'Yenne (3). Soixante-cinq personnes y prirent part. Il y eut thé, dîner à 5 heures, puis bal. On oublie trop, quand on parle de J. de Maistre, qu'il aimait dans la Savoie les parties où la vigne pousse et qu'il avait une propriété à Talissieu, c'est-à-dire au pays de Brillat-Savarin ! Toutes ces « libertés » se terminèrent par son mariage au cours des vacances judiciaires de l'année 1786. Il épousa, à 33 ans, demoiselle Françoise-Marguerite de Morand, âgée de 27 ans (4). A son ami Henri Costa qui le félicitait, il répondit par une lettre qui nous montre dans

---

(1) Clément de Paillette : *La politique de Joseph de Maistre* ; 1 vol., Paris, 1895, p. 7.

(2) J. de Maistre. Edit. Vitte, t. IX, p. 1.

(3) J. de Maistre. Edit. Vitte, t. IX, p. 3.

(4) Le contrat de mariage par-devant Me Antoine Gabet est du 11 septembre 1786. Outre le trousseau évalué à 1.500 livres, demoiselle Morand recevait en dot 5.000 livres de son père, 14.000 livres de sa mère et 3.000 livres d'une tante qui habitait Turin.

ces circonstances son état d'esprit: «Mille et mille remerciements, mon très cher ami, sur toutes vos bénédictions. Oh ! pour celles-là, elles sont d'un bon aloi, et j'y crois comme au symbole. Oui, mon cher Costa, j'ai lieu de croire que ce mariage sera heureux, et il est très vrai que le préliminaire dont vous parlez est un avantage inestimable : un homme sur un million d'autres n'a pas le bonheur de connaître intimément et de fréquenter sans gêne, pendant sept ans, la femme qu'il doit épouser. M. de Morand m'a donné une grande marque d'estime en n'opposant jamais le moindre obstacle à ma liaison avec sa fille : je puis enfin lui témoigner ma reconnaissance en travaillant au bonheur de mon amie... Mon plan, dans ma nouvelle carrière, est court et simple : c'est de me servir des avantages que le sort m'a donnés. Je suis la première et l'unique inclination de la femme que j'épouse: c'est un grand bien qu'il ne faut pas laisser échapper; mon occupation de tous les instants sera d'imaginer tous les moyens possibles de me rendre agréable et nécessaire à ma compagne, afin d'avoir tous les jours devant mes yeux un être heureux par moi. Si quelque chose ressemble à ce qu'on peut imaginer du ciel, c'est cela»(1).

La famille de la jeune Mme Maistre était d'ailleurs en bonne situation morale et matérielle en Savoie. Les jeunes mariés vinrent s'installer dans l'immeuble que le président Maistre venait d'acquérir place St-Léger. Il donnait au midi, sur un jardin, près des remparts et les arbres de la Porte-Reine. Ce pouvait être la maison du bonheur...

*
* *

Marié, J. de Maistre subit l'influence heureuse de sa jeune femme. Autant il se gênait «fort peu pour dire sa pensée», autant Mme Maistre, que Mme Hubert appellera Madame *Prudence*, n'affirmait « jamais avant midi que le soleil fût levé, de peur de se compromettre ». Elle ne cessait de lui répéter avec douceur: «Mais, mon cher ami, tu ne fais attention à rien, tu crois que personne ne pense à mal. Moi je sais, on m'a dit, j'ai deviné, je prévois, je t'avertis, etc...»(2). J. de Maistre céda devant les observations de Madame *Prudence*, il inclina vers plus d'habileté.

---

(1) J. de Maistre. Edit. Vitte, t. IX, p. 4 et suiv.
(2) J. de Maistre. Edit. Vitte, t. X, p 207.

Pourvu de cette collaboratrice zélée, J. de Maistre reprit la question de son avancement peu après son mariage. Cette fois, au lieu de se cabrer, de s'irriter, de s'emporter, il s'avisa de tourner l'obstacle, ne pouvant le franchir de front. Par une lettre d'un aspirant magistrat, nous savons qu'en avril 1788(1), J. de Maistre était à Turin (2) depuis quelque temps et qu'à Chambéry on ne doutait plus de sa nomination prochaine comme sénateur surnuméraire. Il s'était rendu à Turin pour faire sa cour aux puissants, rendre des visites utiles à ses protecteurs. Dans l'attente du résultat de ses démarches, J. de Maistre, par une habitude qui lui devint de plus en plus chère, afin de vaincre la fièvre de l'incertitude, se livra à un travail intense de recherches et de rédaction. C'est ainsi qu'il composa, en les datant de Turin, deux *Mémoires*, l'un sur la *Vénalité des Charges*, et l'autre sur les *Parlements en France*. A la cour, J. de Maistre eut à vaincre les préjugés des conseillers séniles qui gouvernaient au nom de Victor-Amédée III. Ce roi très âgé ne consentait pas à renouveler le personnel des ministres. Quoique vieillis, incapables, il les conservait simplement parce qu'ils avaient été ses collaborateurs. Où était les temps où Victor-Amédée II, « le premier des hommes dans le premier des arts, celui de connaître et d'employer les hommes », avait nommé procureur général son grand-oncle, le comte Maistre de Castelgramme, âgé seulement de 23 ans !!! Cette gérontocratie exaspérait J. de Maistre. Il ne pouvait pas le dire. Alors, dans un de ses *Mémoires*, il écrivit une tirade contre la vieillesse : «La chose publique ne peut absolument pas se passer de l'activité de la jeunesse. La vieillesse ne commence rien : je vois des hommes que la fortune a porté à de grandes charges sur le déclin de l'âge, mais je les vois tous dévoués au mépris public. Je cherche des exceptions, je n'en trouve point. Combien d'exemples au contraire en faveur de la

(1) Lettre du 19 avril 1788 de M. Fortis à M. Berlioz (Archives Jules Masse, château d'Orlyé) : « Il n'y a rien de nouveau sauf que l'on dit que M. le comte Maistre, qui est à Turin depuis quelque tems, sera nommé sénateur surnuméraire. »

(2) Où il avait des parents du côté paternel, les Napione Coconato. Le sénateur Napione avait épousé Madeleine de Maistre, sœur du père de J. de Maistre. Le comte Napione, leur fils, était surintendant du cadastre du duché de Monferrat en 1788. Il était de cinq ans l'aîné de J. de Maistre.

jeunesse dans tous les siècles, dans tous les pays et dans tous les genres d'illustrations : Alexandre, Scipion, César, Pompée, Turenne, Frédéric II, d'Aguesseau, Chatham, Pitt... Popinien, le plus grand des jurisconsultes romains, a été assassiné à 32 ans. ...La vieillesse n'apprend rien, ne corrige rien, et n'établit rien. « Vieillir n'est pas assagir », disait Charron » (1).

Enfin, le 13 juin 1788, J. de Maistre fut nommé sénateur. Il revint à Chambéry.

(1) Clément de Paillette : Op. cit., p. 47.

LIVRE II

La première Emigration

CHAPITRE I

J. de Maistre devant la Révolution

Nous arrivons à l'année 1789 !

J. de Maistre avait suivi toujours avec intérêt les événements qui se passaient en France. En 1785, écrivant au lieutenant du bailliage de Belley dont il était le ressortissant par sa propriété de Talissieu, il donnait son avis sur le *Compte rendu financier* que Necker venait de publier (1). Très finement, il critiquait la politique du ministre de Louis XVI : « De peur que vous ne m'accusiez d'un enthousiasme aveugle, je vous dirai franchement, Monsieur, que tout ce que M. Necker dit sur son administration, n'achève point de me plaire, comme on dit très bien en Piémont... Il n'a point mis d'impôt pendant cinq ans, mais il a augmenté la dette publique de 800 millions, et ses amis en conviennent. N'est-ce pas là disputes de mots et l'emprunt n'est-il pas un impôt ? Au lieu de passer lentement sur cet article, comme sur des charbons ardents, il valait mieux traiter l'importante question *si* et *quand* il vaut mieux imposer qu'emprunter dans les détresses publiques ? » Il parlait à cette occasion de Turgot et il donnait comme cause de son échec : son manque de patience dans les opérations de l'économie politique. « Cet excellent homme a voulu tout faire à la fois. »

Dans cette même lettre, J. de Maistre appelait Louis XIV un *Sultan*. Il était adversaire déclaré de la forme de gouvernement absolu donnée à la royauté française par le Grand Roi, parce qu'elle engendrait un mal terrible, l'arbitraire des bureaux, la tyrannie ministérielle, le règne du bon plaisir des commis. Quoique fonctionnaire, J. de Maistre était ennemi de la domination des agents du roi. C'est ce qu'il appelait proprement le *despotisme*.

*
* *

(1) Fr. Descostes : *Necker écrivain et financier* ; 1 brochure, Chambéry, 1896.

En 1788, les Dauphinois protestèrent contre le despotisme ministériel de Paris et contre l'intendant général de leur province. Le chancelier Loménie de Brienne ayant supprimé les Parlements en France, à Grenoble, les trois ordres se solidarisèrent autour de leur Parlement et résolurent de le défendre.

Une délégation fut envoyée au Roi ; elle échoua. Les Grenoblois s'opposèrent alors par la force à l'exécution des arrêtés ministériels. Les trois ordres de cette province se réunirent à Vizille en assemblée (7 juin) et lancèrent une proclamation demandant la convocation des *Etats Généraux* à Versailles. Ce fut l'aube de la Révolution.

Chambéry prit parti pour le Dauphiné. ABeauregard (1), chez son ami Henri Costa dont la femme était d'origine dauphinoise, l'attitude de l'Assemblée de Vizille provoqua l'enthousiasme. Par sympathie, J. de Maistre vit d'un bon œil cette défense d'un Parlement qui en appelait de la tyrannie ministérielle à la tradition nationale d'avant Louis XIV.

*
* *

En 1789, J. de Maistre, lecteur assidu des journaux et magazines anglais qui lui parvenaient par Genève, apprécia, comme eux, les premiers événements de la Révolution en France sous un angle favorable. Il crut que la royauté française allait se *régénérer*. Le mot révolution pour lui ne signifiait pas destruction des ordres de l'Etat, mais au contraire restauration de leurs anciennes prérogatives supprimées au XVIIe siècle.

A cette question : Que doit être le tiers état, il n'aurait pas répondu : tout. Il aurait affirmé simplement : il est le troisième ordre de la nation, il doit le rester ; il ne doit pas vouloir l'emporter sur les deux autres ordres, mais collaborer à sa place avec la noblesse et le clergé pour le soutien de la monarchie. Il était « contre les factions populaires, et ceux qui excitaient les passions du tiers ». Aussi fut-il contre la fusion des trois ordres, le vote des députés par tête et de la transformation des Etats Généraux en Assemblée nationale constituante (23 juin 1789).

Enfiévré par les discussions de Versailles, J. de Maistre était fort troublé par les confusions qui s'annonçaient. Il

(1) Costa de Beauregard : *Un homme d'autrefois* ; 1 vol., Paris, 1877, chap. IV.

redouta très vite que les députés de la noblesse et du clergé ne cédassent aux « séductions d'une popularité trop facile ».

J. de Maistre faisait part de ses craintes à son ami Henri Costa, admirateur de Necker, partisan de la fusion des ordres, qu'il appelait « un nivellement heureux ». Costa se moquait des terreurs de son ami. Un peu féroce, il lui traçait, dans une lettre, le tableau de la consternation qu'avait jetée parmi les invités du Président du Parlement de Grenoble, l'arrivée de la nouvelle que la noblesse avait consenti à délibérer avec le tiers état et le clergé (1).

*
* *

Après le 14 juillet, les troubles de la *Grande Peur*, qui se produisirent dans toute la France, se répercutèrent un peu en Savoie. Les troubles agraires du Dauphiné et du Lyonnais occasionnèrent des tumultes dans des communes situées sur la frontière de France. Il y eut des tentatives contre quelques châteaux. Ce ne fut pas grave.

Puis vinrent les journées d'octobre à Versailles. Louis XVI fut ramené à Paris. Mounier, député du Dauphiné, président de l'Assemblée constituante, quitta Paris en guise de protestation. Il revint à Grenoble où il comptait même armer les Dauphinois pour la défense de la royauté et pour assurer la liberté des délibérations de la Constituante asservie par les factions.

Dès la rentrée du Sénat de Savoie, le 7 décembre 1789, J. de Maistre écrivait à son ami Costa pour lui communiquer les renseignements qu'il pouvait recueillir à Chambéry sur ce qui se passait à Versailles. Il regrettait de ne pouvoir consacrer plus de temps à ses « gazettes » parce qu'il pliait sous le poids du travail professionnel... Il venait d'être nommé, en effet, président de la Commission chargée au Sénat d'arbitrer les contestations que le rachat des droits féodaux suscitait entre créanciers et débiteurs de ces droits. Dans une de ses lettres où il détaillait avec verdeur ce qu'il venait d'apprendre d'un ami de Mounier sur les

(1) Sur cette question de la fusion des ordres et du vote par tête, J. de Maistre semble avoir suivi les vues et approuvé la conduite du député de la noblesse du bailliage de Belley, dans lequel il avait sa terre de Talissieu. Ce député était le marquis Clermont-St-Jean, qui était du même âge que J. de Maistre et, comme lui, avait été élève à l'Université de Turin.

journées d'octobre à Versailles, il terminait par ce cri douloureux de désespérance : « Que vous dirais-je, mon cher ami ? Ma foi est ébranlée : au secours ! assistez-moi ! Ma tête fermente toujours sur toutes ces affaires au point que quelquefois je n'en dors pas !... Vous savez que je ne suis pas un ami des factions populaires, cependant je prends un grand intérêt à ce sermon terrible que la Providence prêche aux rois. Parbleu, il vaut bien la peine d'être écouté attentivement et tant pis pour qui n'en fait pas son profit » (1).

*
* *

En 1790 (2), les troubles agraires, qui en France avaient repris, se répercutèrent à nouveau en Savoie. En janvier, des tumultes éclatèrent au Grand-Bornand, au Mont-Saconnex et sur la frontière du Bugey. Le Comte d'Artois ayant été autorisé à venir à Turin, un mouvement important d'émigration française se détermina sur la Savoie. Chambéry devint une capitale de l'émigration. On y rencontrait des familles nobles, des prêtres, des militaires, du Dauphiné, du Comté Venaissin, de Lyon, de Paris. Les journaux parisiens attaquèrent bientôt le roi de Sardaigne, l'accusant de favoriser les complots de certains de ses sujets contre la Révolution. En guise de représailles, ils invitèrent les Savoyards à imiter les Français et à se mettre « à la hauteur de la Révolution de Paris ».

Le 14 mai 1790, une émeute éclatait à Montmélian, ancienne ville fortifiée. Des émigrés français furent menacés sous le prétexte qu'ils faisaient enchérir les vivres par leur présence. Il y eut tumulte, la troupe surprise fut désarmée. Le Roi, à Turin, s'alarma très vivement de cette affaire. Il se plaignit à l'Intendant général de Chambéry du fait que la noblesse du pays n'était pas intervenue en faveur de l'autorité.

J. de Maistre rendait compte à son ami Costa de ces incidents locaux. Il rédigea une brochure anonyme qui parut à Chambéry avec le titre : *Lettre à M. le comte... au sujet de l'insurrection arrivée à Montmélian le* 16 *mai* 1790(3).

---

(1) Costa de Beauregard : *Un homme d'autrefois* ; op. cit., p. 20-21.
(2) F. Vermale : *La Révolution en Savoie* ; 1 vol., Chambéry, 1926, p. 77 et suiv.
(3) Se trouve à la Bibliothèque municipale de Chambéry.

Nous attribuons cette lettre à J. de Maistre parce qu'elle développe en faveur de la noblesse, du clergé, de la royauté sarde des arguments qui seront repris par lui dans sa *Quatrième lettre d'un royaliste savoisien à ses compatriotes ;* enfin, parce qu'elle contient une citation du *Tableau des Finances de France* par M. Necker, ouvrage dont nous savons que J. de Maistre avait fait une étude spéciale.

Ainsi, c'est donc en 1790 que J. de Maistre débuta dans le métier de gazetier royaliste auquel il aurait aimé s'être adonné depuis longtemps, comme il le déclarera de Russie à Victor-Emmanuel Ier.

*
* *

En Savoie, disait-il, il n'y a pas d'ordres privilégiés. « Le fond du noble paie autant que celui du roturier. Le roturier est admissible comme le noble à toutes les places civiles, militaires et ecclésiastiques. La noblesse, presque toute engagée dans la carrière des armes, y consume son temps et sa fortune... Non, la patrie ne regardera point comme ses ennemis ceux qui font profession de ne la servir que par zèle et par honneur. Le clergé n'a pas de richesses qui puissent lui attirer l'envie, ni des mœurs qui aillent contre ses maximes. Il n'étale certainement point un luxe qui puisse donner prise à la censure. Chaque individu dans cette classe vit et meurt dans le poste qui lui est confié : on ne citerait pas un évêque des Etats du roi de Sardaigne consommant loin de son troupeau la dîme levée sur les fonds du laboureur... La magistrature, chez nous, n'offre point un corps ambitieux négligeant ses fonctions pour étendre son influence politique. » Le roi de Sardaigne n'est pas un despote, un sultan d'Orient. « Son ascendant illimité ou despotisme, si l'on veut l'appeler ainsi, a pour bases les qualités du prince et la vénération du peuple pour une longue dynastie de princes presque tous recommandables par d'éminentes qualités, dont le génie et la sagesse héréditaire ont opéré dans leurs Etats le bien que les novateurs modernes mettent en spéculation dans des livres, enfin, qui n'ont jamais eu qu'eux-mêmes pour ministres et pour généraux d'armée. » Victor-Amédée III règne « comme un père tendre gouverne ses enfants. Il est bon, juste, laborieux ». Il donne l'exemple du travail. La Cour de Turin « observe l'économie, et a des mœurs sévères ». Aucun des vices intérieurs qui ont amené en France la Révolution, en minant

« cette vaste monarchie », n'existe en Savoie. « O bon peuple de Savoie ! on veut vous égarer, on veut vous faire sacrifier votre bonheur et vos vertus à des intérêts qui ne sont pas les vôtres. Déjà l'on vous a fait enfreindre les lois de l'hospitalité, qui avaient toujours été sacrées pour vous ; on vous a porté à des violences opposées à votre caractère connu de douceur et de fidélité. Déplorez ces erreurs, redevenez vous-même. Que vos montagnes et votre antique loyauté soient des barrières au delà desquelles ne pénètre point l'esprit de licence et de subversion. Il y a loin d'un bien-être en spéculation à celui que l'usage et le temps ont confirmé ; ce dernier est votre partage, ayez la sagesse de savoir en jouir. »

* * *

Le 21 janvier 1791, J. de Maistre, qui était allé passer les fêtes de Noël à Beauregard et à Genève auprès d'Henri Costa, était heureux de le taquiner sur son entêtement à croire que, de la Révolution, malgré les fautes déjà commises, pourrait sortir une restauration de la monarchie traditionnelle française. Pour lui, il continuait à croire que, sous prétexte de *régénérer* la France, le délire de démocratie et de liberté qui l'agitait, l'avait précipitée dans l'anarchie la plus complète. Il s'empressait de signaler à son ami les autorités politiques qui, surtout en Angleterre, se ralliaient à ce point de vue. Etes-vous « toujours aussi Neckriste, depuis que vous voyez Necker ?... Avez-vous lu Calonne, Mounier, et l'*admirable Burke ?* Comment trouvez-vous que ce rude sénateur traite le *Grand Tripol du Manège* et tous ces *législateurs Bébés ?* Pour moi, j'en ai été ravi, et je ne saurais vous exprimer combien il a *renforcé mes idées anti-démocrates et anti-gallicanes.* Mon aversion pour tout ce qui se fait en France devient de l'horreur : je comprends très bien comment les systèmes, en fermentant dans les têtes humaines, se tournent en passions ; croyez que l'on ne saurait trop abhorrer cette abominable assemblée. Voyez comment 30 ou 40 drôles exécutent ce que le Prince Noir ou la Ligue n'ont pu faire : les massacres, les incendies ne sont rien, il ne faut que très peu d'années pour guérir tout cela ; mais l'esprit public anéanti, l'opinion viciée à un point effrayant, en un mot, la *France pourrie*, voilà l'ouvrage de ces Messieurs » (1). Cette expression réaliste sous sa plume

(1) J. de Maistre. Edit. Vitte, t. IX, p. 11 et suiv.

voulait dire que ce qu'il déplorait surtout, c'était la France méconnaissant sa tradition gouvernementale pour s'imaginer, au nom du progrès, que quelques députés pouvaient, en se réunissant, fabriquer une constitution viable. Burke, dans ses *Réflexions sur la Révolution*, qui parurent à l'automne de 1790, avait écrit : « Une constitution est un dépôt transmis à la génération passée pour être remis aux générations futures. Si une génération peut en disposer comme un bien, elle doit aussi le respecter comme le bien d'autrui... La seule idée de fabriquer un nouveau gouvernement suffit pour nous remplir de dégoût et d'horreur. Nous avons toujours souhaité dériver du passé tout ce que nous possédons, comme un héritage légué par nos ancêtres. »

*
* *

En ce mois de janvier 1791, J. de Maistre déplorait hautement la faiblesse du pouvoir royal de Turin (1). Il se rendait compte que Chambéry était déjà *taré* et il aurait voulu que le Roi réagisse et barrât la route à la Révolution : « Mon cher ami, je vous le dis avec le plus grand regret : tous les jours, le pouvoir recule, même lorsqu'il veut avancer, car il s'y prend mal ; on donne à notre bon maître des conseils auxquels on ne comprend rien. Nombre de gens dans ce pays et à Turin forment à cet égard d'étranges soupçons ; pour moi, je suspens mon jugement, mais il est sûr cependant qu'un certain esprit souterrain travaille contre l'autorité et dicte les conseils les plus perfides » (2). Il déplore que le gouvernement royal soit « dans une attitude de terreur déplacée, et quand on tremble, le moyen de faire trembler»? J. de Maistre craignait donc les trahisons. Il ne se trompait pas, la Cour de Turin était un foyer d'espionnage français, et le ministre de l'intérieur, Graneri, pour faire sa cour au prince héritier, favorisait le parti des philosophes.

*
* *

En février 1791, ses soupçons s'aggravaient. Il ne doute plus qu'il y ait à Paris un *Comité de Savoie*, comme il y a eu un *Comité d'Avignon*. Paris prépare la révolution en Savoie ;

---

(1) Voir aussi la lettre du 29 mars 1791 (B. Secret : Op. cit.).
(2) J. de Maistre. Edit. Vitte, t. IX, p. 11.

ainsi s'explique le luxe des brochures révolutionnaires qui sont introduites clandestinement à Chambéry. D'où vient l'argent ? Qui fournit les fonds pour une pareille propagande ? Les fonctionnaires piémontais sont totalement incapables de renseigner leur Roi. A chaque événement nouveau éclate leur insuffisance ! J. de Maistre, après les troubles de Chambéry du 14 et 15 mars 1791, prit sur lui de renseigner et conseiller Turin (1). Il voudrait éviter les excès de l'état de siège. Ce n'est pas en effet en Savoie qu'il pense qu'est le danger. Il est à Paris, à Lyon, à Grenoble. Dans ces villes, il faudrait avoir un service d'espionnage (2) bien organisé (3). Là seulement on pourrait saisir des listes de correspondants savoyards, et connaître les envois d'argent qui permettent à des « polissons du païs » (4) de susciter des tumultes. Devant tant d'impuissance, J. de Maistre consentit, sur les conseils d'un haut fonctionnaire royal, M. le baron Vignet des Etoles, à poser sa candidature au poste d'intendant général de la Savoie (5) (6 juillet 1791). Mais Turin ne voulut pas utiliser son énergie dans un poste digne de lui. En janvier 1792, il se vit encore refuser le poste d'ambassadeur près la République de Genève. Le *dossier secret* agissait.

Dès avril 1792 des bruits de guerre circulaient. La France et le roi de Sardaigne allaient-ils entrer en conflit ? C'était possible. Marie-Antoinette, dès mars 1792, avait prévenu secrètement Turin que le général Dumouriez, le nouveau ministre des affaires étrangères à Paris, entendait déclarer la guerre au roi de Sardaigne. Victor-Amédée III mit aussitôt en état de défense son duché. Les garnisons de Savoie furent encore renforcées par l'arrivée de nouvelles

---

(1) Voir la lettre du 29 mars 1791 (B. Secret : Op. cit.).

(2) « J'ai déjà dit ici plus d'une fois à nos chefs, c'est que si le Roi veut connaître la manière dont on nous travaille et les instruments dont on se sert, ce n'est point ici qu'il faut chercher des espions et des lumières, mais en France et d'abord à Grenoble. *Tout se vend en France et l'honneur d'une foule d'individus ne serait pas la marchandise la plus chère.* » (B. Secret : *Lettres inédites* ; op. cit.).

(3) Turin proposa à J. de Maistre d'aller lui-même organiser ce service d'espionnage à Grenoble. Par lettre du 15 mai 1791, J. de Maistre refusa prétextant ses occupations et dans la crainte où il serait de compromettre son Roi, « l'intrigue étant pour lui un pays inconnu ». (B. Secret : *Lettres inédites ;* op. cit.).

(4) J. de Maistre : *Les Carnets ;* 1 vol., Lyon, 1923, p 3.

(5) *Les Carnets ;* op. cit., p. 5.

troupes. Dès le 5 avril 1792, Dumouriez apprenant ces préparatifs, déclarait qu'il les considérait comme un *casus belli.* J. de Maistre rendit compte à Henri Costa des événements qui se passaient à Chambéry ou à Turin. Il approuva l'attitude du Roi refusant des excuses à Dumouriez dans l'incident Sémonville, mais la Savoie ne lui semblait pas assez fortifiée. Elle n'a plus de citadelle depuis les destructions opérées par Louis XIV ! Il n'avait point une foi aveugle dans les alliés autrichiens de son Roi. Il redoutait que son pays ne devînt un champ de bataille. Il concluait : « Un repos de terreur de part et d'autre serait peut-être ce qui vaudrait mieux. Ce vœu peut n'être pas sublime, mais je le crois prudent » (1).

Ce « repos de terreur », il y croyait du reste avec la plupart de ses contemporains. A Genève (2), les banquiers étaient de cet avis. Ils ne pensaient pas que les Français envahiraient la Savoie, pays pauvre et aux défenses naturelles redoutables. Une pareille campagne aurait constitué à leurs yeux une faute, alors que la France était menacée et déjà envahie sur sa frontière du Nord et de l'Est. Les menaces de Dumouriez étaient appréciées comme peu sérieuses.

Aussi J. de Maistre, prêtant à chacun de ses trois frères officiers 500 livres pour leur mise d'entrée en campagne, avait soin de noter dans ses *Carnets* ce prêt avec la mention : « Pour les besoins de la guerre réelle ou imaginaire. »

D'ailleurs, dans la noblesse de Savoie, on partait comme pour une guerre en dentelle.

Les officiers, dans leurs cantonnements, s'adonnaient à une vie facile... Xavier de Maistre, du régiment de la Marine, profita des réceptions qui se produisirent pour marier sa jeune sœur Thérésine avec un de ses amis, le jeune chevalier de Constantin. La demande officielle fut faite le 25 janvier 1792, et le 13 février, le mariage «beau et attendrissant » était célébré à Chambéry.

En avril, il était question des noces d'une autre sœur de J. de Maistre avec le chevalier de Buttet, officier supérieur de l'armée sarde. M. de Buttet était artilleur. Les choses allèrent avec un peu moins d'élan. Ce ne fut que le 5 juillet que J. de Maistre porte dans ses *Carnets* : « J'ai embrassé M. de Buttet comme mon beau-frère. » On croyait si peu à la guerre que, le 20 août, il inscrivait qu'à Chambéry on

(1) J. de Maistre. Edit. Vitte, t. IX, p. 29.

(2) F. Vermale : *La Révolution... ;* op. cit., chap. II.

« s'effraye ridiculement ». Le 19 septembre, il aurait refusé facilement à son Roi, qui entendait par l'inflation se procurer des ressources pour cette guerre, l'enregistrement d'un édit augmentant de 4 millions la circulation des billets sur le trésor royal.

On comprend, dès lors, combien fut puissant l'effet de surprise de l'attaque des Français dans la nuit du 21 au 22 septembre. Le général Lazary n'esquissa aucune défense (1). Surpris, il donna l'ordre de retraiter sur le Mont-Cenis et le Petit-St-Bernard. Quant aux civils des administrations royales, ils s'empressèrent d'évacuer la Savoie. Ce fut une cohue sans nom sur les routes. Heureusement que les émigrés français, plus prévoyants, avaient commencé depuis plusieurs jours à gagner Genève et Lausanne.

CHAPITRE II

J. de Maistre à Aoste

J. de Maistre, le 20 septembre, avait commencé à prendre la situation au sérieux, vu que tous les renseignements concordaient sur les préparatifs français. Le 20, il envoya sa femme et ses enfants à Moûtiers auprès de son frère, le Doyen du Chapitre de la Cathédrale. Ils emportaient avec eux l'argent et l'argenterie du ménage, ainsi que « quelques linges ».

A la date du 22, J. de Maistre inscrivait dans ses *Carnets* : « Samedi, invasion des Français, pluye horrible, fuite infâme de la troupe. Trahison ou bêtise des généraux, déroute incroyable et même un peu mystérieuse, suivant quelques personnes. C'est la honte éternelle du gouvernement, et peut-être l'anéantissement de l'état militaire.

(1) F. Vermale : *La Révolution... ;* op cit., chap. III.

« Je pars sur le cheval de mon beau-frère Constantin. Couché à Anneci. 23, diné à Faverges ; je m'arrête un instant à l'abbaye de Tamiers et je vais coucher à L'Hôpital. — 24, je pars à 2 heures du matin et j'arrive vers les 9 heures à Moûtiers d'où ma femme venait de partir avec mon frère le Doyen, mes deux enfants et mes domestiques, je vais les joindre, et nous couchons au Bourg de Scez, chez le Curé où nous sommes fort bien reçus. — 25, passage du St-Bernard. — Tourmente, ma femme et mes enfants souffrent beaucoup ; couché à la Thuile, couchée diabolique. » Le 27, ils arrivent à la Cité d'Aoste en Italie. J. de Maistre s'accorde un jour de repos, puis repart à cheval pour Turin qu'il atteint le 30 septembre malgré la pluie diluvienne et les inondations qui coupent les routes.

*
* *

J. de Maistre, dès le lendemain de son arrivée à Turin, dînait chez des personnages importants de la Cour ou rendait visite à des ministres. Il vit d'abord son compatriote le comte d'Hauteville, ministre des affaires étrangères, qui l'invita à dîner pour le lendemain. A ce dîner, il rencontra le ministre de l'intérieur Graneri. Enfin, le 7 octobre, entre 8 heures et 9 heures du soir, il voyait le Roi. Le 30, de retour à Aoste, il était présenté au duc de Montferrat, frère du roi et commandant de l'armée piémontaise stationnée dans le Val d'Aoste.

Pendant ce mois d'octobre, que s'était-il passé en Savoie ? Les Français s'y montraient les plus aimables et les plus doux des vainqueurs. Cette armée, commandée par le général Montesquiou et composée en majeure partie de bataillons de volontaires du Midi, était magnanime. Jusque là, les armées de la Révolution avaient toujours été malheureuses. Avec la conquête de la Savoie, pour la première fois les bataillons de volontaires inscrivaient une victoire sur leurs drapeaux. Aussi, l'armée du Midi était-elle débordante de fraternité. D'autre part, les agents des jacobins français parcouraient les campagnes, promettant aux paysans qu'ils ne paieraient plus de gabelle, qu'ils n'accompliraient plus de corvées, ne seraient plus obligés de servir dans la milice, qu'ils ne verseraient plus de dîmes, que les curés seraient payés par l'Etat et la religion respectée, qu'il suffisait pour cela de demander à être Français et à se mettre en république.

Une Assemblée nationale des députés allobroges, élus sous l'influence de ces promesses, se tint à Chambéry. En sept jours, elle mit juridiquement la Savoie à la hauteur de la Révolution de Paris et demanda la réunion de la Savoie à la France. Elle vota en outre une loi déclarant émigrés tous les Savoisiens qui avaient quitté le duché depuis l'entrée des troupes françaises. Elle accorda à ces émigrés d'une nouvelle origine, jusqu'au 1er janvier pour rentrer. Passé cette date, leurs biens seraient mis sous séquestre, puis vendus aux enchères.

Les nobles savoisiens allaient-ils obéir à cette injonction des révolutionnaires ?

Dans la cité d'Aoste, J. de Maistre vivait dans la compagnie du marquis de Sales et des évêques français ou savoisiens qui s'étaient réfugiés dans cette ville. Le marquis de Sales s'était distingué pendant la retraite de l'armée de Lazary ; il était depuis capitaine, attaché à l'état-major du duc de Montferrat. Comme J. de Maistre, il avait été un des chefs de la Franc-Maçonnerie savoisienne. C'était un esprit mystique et ardent. L'invasion de la Savoie avait provoqué chez lui un changement intérieur qui se traduisit, comme chez beaucoup d'émigrés, par un retour immédiat aux pratiques du catholicisme. Il se reprochait de ne pas avoir assez bien défendu le trône et l'autel. Ces manquements à sa foi et à son roi, il pensait les racheter désormais par le sacrifice, si besoin était, de sa fortune et de sa vie (1). Il se jurait de ne retourner en Savoie que lorsqu'il l'aurait reconquise à la pointe de son épée. Le marquis de Sales convertit à ces sentiments un groupe d'émigrés savoisiens dont J. de Maistre était. Lorsque le Roi conseilla aux nobles de son duché de rentrer pour conserver leurs patrimoines, le groupe d'Aoste jura de ne pas obéir et de combattre jusqu'au bout avec les armées de Victor-Amédée III. J. de Maistre envoya le 10 novembre une attestation d'un médecin « pour établir auprès des autorités de Chambéry l'impossibilité où se trouve sa femme de se rendre en Savoie dans son état de grossesse et dans cette saison ».

Tranquille de ce côté, il se rendit à nouveau à Turin où il resta du 10 novembre au 28 décembre et logea chez son beau-frère, le major de Buttet, lequel avait un appartement à l'arsenal royal. Dans l'espoir, sans doute, d'une nomina-

(1) Fr. Descostes : *Joseph de Maistre pendant la Révolution* ; 1 vol., Tours, 1895, p. 173 et suiv.

tion ou d'une mission dans la diplomatie, J. de Maistre rédigea un *Mémoire* pour le comte d'Hauteville qu'il remit dès le 17 novembre. Il attendait beaucoup de ce travail. Pour tromper l'attente, J. de Maistre, appliquant sa méthode ordinaire, s'absorba dans des lectures. Il lut une histoire de l'art, en anglais, des livres d'auteurs italiens sur l'histoire littéraire, la Rhétorique d'Aristote, etc... Mais la nomination ne vint pas. Toujours sa « mauvaise étoile » !

A son retour à Aoste, le 30 décembre, J. de Maistre trouva sa femme et ses enfants partis pour Chambéry. Ses *Carnets* portent : « Ma sœur aînée (Mme Vignet) était venue nous chercher par la Suisse et nous avait écrit de St Maurice où elle nous attendait avec une voiture. Ma femme ressentait des douleurs qui lui faisaient craindre un accouchement plus prochain qu'elle ne l'imaginait, elle s'était déterminée à partir le 27. Elle fait bon voyage, tout le monde tremblait pour elle à son départ et pour mes enfants, âgés l'un de 5 ans et l'autre de 3 : ils passent le Grand-St-Bernard dans des hottes, portées par des hommes. »

Que faire devant cet événement ? J. de Maistre avait juré de ne pas rentrer. Cependant, le Roi conseillait le contraire, sa femme, ses enfants l'appelaient ? où était le devoir ? Pendant six jours, il hésita. Finalement, il céda, comme il l'avouera plus tard, à la peur. Non pas à la peur d'une arrestation des siens, mais à la peur de perdre ses biens, à la peur de l'avare pour sa cassette. J. de Maistre avait là-dessus des idées très précises. Un homme n'était un homme que lorsqu'il avait un état et des terres. De nature très « intéressée », son amour paternel avait transformé cette tendance en une sorte de ladrerie héroïque. Ses *Carnets* nous révèlent qu'en 1790, il attendait avec impatience et émotion l'ouverture du testament de son ami l'abbé Victor, lequel lui avait laissé entendre qu'il ne l'oublierait pas parmi ses légataires. La comtesse de Gili lui ayant donné, en 1792, 10.000 livres, il ajoutait cette note : « Mon fils, qui n'en savez rien, vous avez fait une bonne journée. » Donc, en cette fin 1792, J. de Maistre ne put se résoudre à perdre ses biens, sa fortune. Pour les conserver, il manqua, comme il le reconnaîtra plus tard, d'héroïsme. Il s'évada de l'atmosphère mystique d'Aoste le 4 janvier, à 11 heures 1/2 du matin. — Le 5, à 11 heures 1/2, il arrivait à l'Hospice du Grand-St-Bernard. — Le 7, il avait un grave accident de voiture qui n'eut, par bonheur, que des conséquences matérielles. — Le 12, il était à Chambéry. Ses *Carnets* portent : « Je vais me présenter en arrivant à la municipalité *novus rerum nascitur ordo.* » — A la date du 20, on y lit : « Je monte ma première garde à la maison commune, une belle question serait de savoir si je monterai la deuxième. »

CHAPITRE III

L'Adresse à la Convention
(1793)

A Chambéry, J. de Maistre trouva la protection de Carrelli de Bassy, comte de Cevins (1), ancien substitut au Sénat de Savoie, auquel il avait vendu, en 1792, sa propriété de la Trousse. Carrelli, depuis l'arrivée des Français, était devenu un personnage au Club des Jacobins de Chambéry. Comme président de ce club, il fut si puissant qu'il fit voter la radiation du représentant en mission Philibert Simond (2).

Ce dernier était un type curieux. Né en Savoie, il avait été élevé par un de ses oncles qui était curé. Il avait étudié la théologie à la Sorbonne. Pour des motifs inconnus, il était allé exercer la prêtrise en Alsace. Là, il devint président du Club des Jacobins de Strasbourg, puis vicaire général de l'évêque constitutionnel du Bas-Rhin, enfin député à la Convention. Quand la Savoie fut occupée par l'armée de Montesquiou, Simond demanda une mission pour son département d'origine. Il avait son plan secret, qui était celui de préparer son élection à l'évêché constitutionnel du nouveau département du Mont-Blanc. Dans ce but, il voulait déposséder Chambéry de son titre de capitale pour le donner à Annecy, siège de l'évêché. Comme il ne doutait pas de son élection, il avait déjà préparé, dans l'ombre, les décrets qui concentraient à Annecy les services administratifs et les états-majors de l'armée des Alpes. Carrelli fut un de ceux qui découvrirent le complot Philibert Simond contre Cham-

(1) F. Vermale : *Figures du temps de la Révolution* ; 1 vol., Chambéry, 1927, chap. III.
(2) F. Vermale : *Figures...* ; op. cit., chap. II.

béry. Il organisa en hâte la résistance. Un conflit violent éclata entre les Commissaires de la Convention et les Chambériens groupés dans leur municipalité et leur club. Hérault de Séchelles, un des quatre commissaires, prit peur et fit proclamer l'état de siège.

J. de Maistre, à son retour à Chambéry, trouvait donc une atmosphère de bataille. On commençait à regretter le Roi. Un soir, à l'heure de la fermeture des boutiques, Simond, qui passait rue de la Croix-d'Or, avait été sifflé. C'est dans cette atmosphère qu'arriva à Chambéry la nouvelle de la condamnation à mort de Louis XVI. Les aristocrates ou ci-devants manifestèrent hautement leur indignation. J. de Maistre fut certainement de ceux-là, car, le 25 janvier, il fut l'objet d'une visite domiciliaire. Quatre jours après, Mme de Maistre mettait au monde une fille.

Une autre agitation s'éleva en février, cette fois dans tout le département du Mont-Blanc, contre les Commissaires de la Convention. Le 8 février, ils avaient décrété que la Constitution civile du clergé entrerait en vigueur et que les prêtres prêteraient serment. Le doyen du Chapitre d'Annecy, le chanoine de Thiollaz, défendit à ses prêtres d'obéir et de refuser, au nom des droits du Souverain Pontife, le serment. Il fut arrêté. Dans les communes, les femmes empêchèrent la publication des décrets et renversèrent les arbres de la Liberté. Une lettre de ce temps nous révèle qu'à Chambéry, dans l'entourage des Commissaires, « l'on ne dort ni jour ni nuit, l'on est pleinement convaincu qu'il existe une coalition générale parmi le clergé ».

C'est le moment que choisit J. de Maistre pour lancer, comme un pétard, une brochure royaliste où il rendait hommage à la fidélité au Roi. Le manuscrit de l'« *Adresse de quelques parents des militaires savoisiens à la Convention* » (1), il l'envoya à Mallet du Pan, le journaliste royaliste alors de retour à Genève sa patrie. Celui-ci le fit imprimer. La distribution en commença aussitôt en Savoie.

J. de Maistre avait quitté Chambéry quand sa brochure y parvint. Le Conseil général du département et l'entourage des Commissaires entrèrent en fureur. Si J. de Maistre se fût trouvé dans sa bonne ville, il aurait été envoyé en prison. Dès le 23 mars, dans la nuit, une visite domiciliaire était pratiquée à Truaz, près La Roche. Le propriétaire du

(1) J. de Maistre. Edit. Vitte, t. VII.

domaine, M. de Constantin, fut arrêté (1). J. de Maistre, comme par hasard, se trouvait ce jour-là en séjour chez son ami M. de Vens, propriétaire à Seyssel. Quand il apprit dans cette ville les événements qui s'étaient passés à Truaz, il envoya un exprès « pour être instruit avant d'arriver ». Il gagna alors Genève où, le 6 avril, il s'installait à l'hôtel de l'*Epée Couronnée* avec Mme de Constantin alors enceinte et son autre sœur Jenny, près de la maison habitée par Mme Henri Costa. Le 8 avril, il assista au baptême à Truaz l'enfant dont Mme de Constantin venait d'accoucher. Le 13, il quittait Genève pour Lausanne.

*
* *

Ce départ n'était pas volontaire. Delhomme, le chargé d'affaires de la France près la république de Genève, avait fait une démarche auprès des autorités genevoises pour que J. de Maistre fût prié de ne pas rester sur le territoire de cette république. En même temps, Delhomme s'efforçait, mais en vain, de saisir les ballots de l'*Adresse des parents de militaires savoisiens* chez le maître de poste.

Cette *Adresse* contenait un éloge, dans le goût de la première brochure à propos des événements de Montmélian, du roi Victor-Amédée III, du clergé, de la noblesse, du Sénat de Savoie. Elle contenait en plus, ce qui constituait le crime de lèse-révolution, des menaces à l'égard des députés de l'Assemblée nationale des Allobroges. Au nom de son roi, J. de Maistre promettait amnistie à ses compatriotes. Seuls les députés de l'Assemblée nationale des Allobroges en seraient exclus. « Législateurs impétueux ! Vous payerez cher *l'ouvrage de 7 jours* : où chercherez-vous des excuses ? où trouverez-vous des défenseurs ? Ah ! n'espérez jamais de pitié ! » La colère des révolutionnaires s'explique et la prudence de J. de Maistre se comprend. Après de pareilles menaces, il ne devait pas attendre tranquillement à Chambéry. Son départ et sa vie errante se justifient. Du point de vue royaliste, son mérite était grand. Le premier, il avait osé proclamer le retour prochain du roi de Sardaigne, maintenir ses droits imprescriptibles sur son duché et menacer les jacobins vainqueurs.

---

(1) J. de Maistre : *Les Carnets* ; op. cit., p. 28 et suiv.

LIVRE III

La deuxième Emigration

CHAPITRE I

Nouveau Mémoire sur la Franc-Maçonnerie
(1793)

Lausanne, dépendance de la république de Berne, était devenu un centre d'émigration très en vogue. J. de Maistre y arriva le 19 avril 1793. Il alla se loger à l'*Auberge de la Couronne* (1).

Il avait choisi Lausanne afin de pouvoir y rencontrer son protecteur, le baron Vignet des Etoles, qui y résidait. Grâce à son influence, il pensait pouvoir entrer dans la diplomatie sarde. Vignet des Etoles était intervenu en sa faveur plusieurs fois déjà à Turin.

Dès son arrivée à Lausanne, J. de Maistre eut une aventure qui aurait pu avoir de graves conséquences pour lui, étant donné l'état précaire de sa trésorerie particulière. Un voyageur de l'*Auberge de la Couronne*, se trompant de bagages, lui emporta sa malle avec l'argent qu'elle contenait. Heureusement pour J. de Maistre qu'il avait pris la précaution de consigner sa malle et son contenu à l'aubergiste. Celui-ci, se reconnaissant responsable, envoya de suite un commissionnaire à la poursuite du voyageur coupable... Trois jours après, la malle était retrouvée. Tout est bien qui finit bien. J. de Maistre en fut quitte pour la peur.

Son premier dîner, J. de Maistre le prit en compagnie de prêtres réfractaires du diocèse d'Annecy, lesquels s'étaient réfugiés nombreux dans le pays de Vaud. Le lendemain, il rendit visite au baron d'Erlach, bailli de Lausanne, réputé pour sa bienveillance à l'égard des émigrés. Chez lui, il rencontra Mallet du Pan. Il ne donne aucun détail sur cette rencontre, mais nous en sommes en droit d'inférer que Mallet encouragea fortement son interlocuteur à continuer à défendre, par la plume, la cause royaliste en Savoie. Le surlendemain, en effet, J. de Maistre commençait à rédiger les *Lettres d'un royaliste savoisien à ses compatriotes*.

(1) J. de Maistre : *Les Carnets* ; op. cit., p. 29 et suiv.

Le 20 avril, J. de Maistre dîna à l'hôtel du *Lion d'Or* avec M. le baron Vignet des Etoles, lequel venait d'être nommé ambassadeur du roi de Sardaigne à Berne. Au cours du repas, le baron expliqua à son protégé qu'il était à Turin accusé de jacobinisme et d'avoir trempé dans le complot maçonnique organisé à Chambéry en vue de détacher la Savoie de son prince et préparer l'invasion des armées françaises. Il lui expliqua que, tant qu'il ne se serait pas lavé d'une pareille accusation, il ne fallait pas qu'il comptât recevoir de nouvel emploi. Les imputations de Turin étaient graves, elles avaient pour elles les apparences. L'orfèvre Debrit, vénérable de la loge des *Sept Amis*, affiliée au *Grand Orient de France*, était bien, pour lors, l'un des jacobins les plus en vue de Chambéry (1). Les loges du rite français, qui s'étaient multipliées dans le duché depuis 1786, avaient fourni les cadres des nouvelles administrations révolutionnaires. L'on savait maintenant, à Turin, que ces loges françaises n'avaient pas obéi à l'ordre de dissolution envoyé par le Roi dès fin 1790. Les francs-maçons des autres rites n'avaient-ils pas été complices d'une révolte aussi manifeste ? A Turin, on le croyait.

Dans les trois jours qui suivirent ce dîner à l'hôtel du *Lion d'Or*, J. de Maistre rédigea un *Mémoire sur la Franc-Maçonnerie* qu'il adressa à Vignet des Etoles, pour qu'il le communiquât à Victor-Amédée III, avec une lettre de l'auteur. Il en adressa aussi un exemplaire à M. de Cravanzanne, ministre de la guerre; à M. le comte d'Hauteville, ministre des affaires étrangères; à M. le chevalier Radicati.

*
* *

Dans ce *Mémoire* (2) encore inédit, J. de Maistre défendait avec vigueur les membres de la loge la *Sincérité* contre l'accusation d'avoir participé directement ou indirectement à un complot anti-royaliste. Après avoir donné de nombreux détails sur le but et l'organisation des loges *réformées* ou *martinistes*, J. de Maistre affirmait « que, dans les loges de Savoie même les plus soupçonnées, il n'existe pas le moindre signe qui annonce un but politique dans le

(1) F. Vermale : *La Révolution...* ; op. cit., ch. IV.

(2) Communiqué par M. Dermenghem qui voudra bien agréer nos remercîments.

principe. Et quant à la loge de la *Réforme*, je puis vous l'affirmer sur tout ce qu'il y a de plus sacré ». Cette loge d'ailleurs suspendit ses travaux avant même l'arrivée des ordres du Roi interdisant les réunions maçonniques. « Lorsque les troubles de France commencèrent malheureusement à ébranler la Savoie, la loge de Chambéry (je parle toujours de la *Réforme*) pensa que tout rassemblement quelconque pouvait, dans ce temps de crise, donner de l'embarras au gouvernement. En conséquence, elle résolut d'elle-même de ne plus s'assembler. Et l'on avait réellement cessé de s'assembler lorsque les craintes du Roi, sur ces sortes d'établissements, lui parvinrent, si je ne me trompe, dans l'été de 1791. »

Quant aux pratiques égalitaires qu'on reprochait aux francs-maçons d'avoir mis à la mode, J. de Maistre, sans les nier, les explique ou en réduit la portée : « L'égalité dont je me rappelle que vous m'avez parlé une fois comme d'une chose alarmante, ne signifiait absolument rien. Elle n'était que dans les mots. Il est même bien remarquable que dans les tableaux (des membres) les titres n'étaient jamais omis, ni même dans les discours, car dans toutes les loges on disait : « Frère Marquis ou Comte un Tel ! » Mais lorsque les mots de liberté et d'égalité sont devenus le point de ralliement et le signal de factieux en délire, il n'est pas étonnant que les gouvernements se soient alarmés sur le compte d'une société cachée qui professe l'égalité. Cette égalité se réduisait à Chambéry à une fréquentation mutuelle (en corps bien entendu) : ainsi par exemple, la *Loge Réformée*, à l'époque de certaines fêtes, priait quelques membres de l'*Union* ou des *Sept Amis*, qui venaient assister aux cérémonies et au souper. Réciproquement, des membres de la *Réforme* répondaient quelquefois aux invitations des deux dernières, mais rarement du moins quant aux gentilshommes. Les bourgeois y allaient plus souvent. Du reste, toute cette *Frérie* n'influait exactement point sur la distribution des Etats dans la société. » Puis, prenant l'offensive, J. de Maistre demandait pourquoi si Turin avait des soupçons, le Roi ne s'était pas adressé aux *Frères de la Sincérité*. Prévenus, ceux-ci se seraient informés et l'auraient renseigné sur la réalité de ce complot.

Il concluait en affirmant que la « masse, le corps des loges savoisiennes, même des plus bourgeoises, n'avaient jamais été tâtées par celles de France pour entrer dans la révolution ». Certains membres des *Sept Amis* étaient individuellement très mauvais. « Il est possible que les Français se soient adressés à eux. Mais je ne vois pas ce que tout cela aurait de commun avec la franc-maçonnerie qui date de plusieurs siècles et qui n'a certainement dans son principe rien de commun avec la Révolution française. »

Dans cette défense, J. de Maistre nous apparaît comme niant des faits que d'autres documents émanant de lui-même établissent. Dans le *Mémoire* de 1782 au duc de Brunswick-Lunebourg, J. de Maistre demandait que la franc-maçonnerie eût des buts politiques. D'autre part, nous savons que la *Sincérité*, la loge de J. de Maistre, entretint des relations les plus cordiales et les plus suivies avec la loge des *Sept Amis*. A l'inauguration du temple des *Sept Amis*, en 1786, la *Sincérité* avait délégué à cette cérémonie le comte Désery, le comte Salteur, le Dr Desmaisons et Loully.

Le 15 septembre 1787, les *Sept Amis* avaient envoyé une délégation porter un bouquet et complimenter la jeune épouse du comte de Bellegarde, vénérable de la *Sincérité*. De 1787 à 1789, J. de Maistre, avec d'importantes délégations de la *Sincérité*, avait assisté aux fêtes de la St Jean célébrées à la loge des *Sept Amis*. Il n'y avait pas que les bourgeois de la *Réforme* qui consentaient à se mêler aux frères du rite français! Les relations entre le rite écossais et le rite français avaient donc été très suivies en Savoie. J. de Maistre, accusé, les nia ou tendit à en atténuer la portée. C'est la seule fois où nous pouvons dire que nous le prenons en flagrant délit (n'employons pas un mot qui pourrait choquer)... d'inexactitude volontaire !

CHAPITRE II

Les Lettres d'un royaliste savoisien

L'installation de J. de Maistre à Lausanne fut d'abord des plus sommaires. Il eut une pension de 48 fr. et un garni pour un louis, par mois. Le 20 mai, il améliora cette installation en louant, de compte et demi avec M. de Thônes et sa fille, un appartement moyennant 5 louis. Le 23, Anne, sœur de J. de Maistre, et son propre fils vinrent le rejoindre à Lausanne, via Genève. Ce jour-là, il constata avec mélancolie qu'il n'avait plus en poche que 26 louis.

Dès le 15 mai, la *Première lettre d'un royaliste savoisien à ses compatriotes* était imprimée. Le 16 mai, il envoyait à Berne, chez son ami Vignet des Etoles, le manuscrit de la deuxième lettre pour qu'il l'approuvât. Le 1er juin, cette deuxième lettre était imprimée... Le 21 juin, la troisième lettre paraissait. Le 5 juillet, Vignet des Etoles recevait le manuscrit de la quatrième lettre. Le 13, l'impression en commençait.

Dans ces *Lettres* (1), J. de Maistre assurait aux Savoisiens le retour du roi de Sardaigne en Savoie comme prochain, car les Français venaient de subir des revers graves en Hollande et en Belgique. Leur victoire de Valmy n'a pas eu de conséquence durable. Leur défaut national, qui est le manque de ténacité, vient d'entraîner leur défaite. Les Français, battus sur leurs frontières du Nord et de l'Est, devront évacuer la Savoie. Cet événement est si certain que la France négocie, monnaye cet abandon de la Savoie auprès des puissances coalisées afin d'obtenir la paix ou la neutralité de l'Angleterre.

Que les Savoyards ne croient donc pas dans la parole de la Convention, dans sa promesse de ne pas déposer les armes avant d'avoir assuré la liberté aux Allobroges ! Pour le retour du Roi, J. de Maistre promettait amnistie aux Savoyards, pardon général pour leur manque de fidélité. C'était le prétexte pour faire, dans la *Quatrième lettre*, une étude détaillée des réformes sociales réalisées depuis vingt-cinq ans par la monarchie sarde.

Nous savons par les rapports de Chépy, chef de l'espionnage français près l'armée des Alpes, que l'effet de ces brochures de J. de Maistre fut considérable. Colportées dans les villages par les prêtres réfractaires, les nobles ou les espions sardes qui rentraient en Savoie, commentées par tous ces agents de défaitisme, ces lettres contribuèrent à pousser les royalistes savoyards à organiser la rébellion. En mai 1794, Chépy écrivait au ministre des affaires étrangères à Paris : « que les habitants du Mont-Blanc sont très persuadés du retour prochain du Piémontais. »

*
* *

(1) J. de Maistre. Edit. Vitte, t. VII.

Fin juin, le baron Vignet des Etoles demandait à Turin une récompense pour les services de plume que J. de Maistre venait de rendre à la cause royaliste en composant ses brochures dont le succès en Savoie n'était pas niable. Il conseillait à son ministre d'utiliser un tel talent à Turin, dans un emploi secret. « Il me paraîtrait précieux d'avoir, sous votre main, une plume capable de bien exposer tout ce que vous jugeriez dans votre sagesse réfléchie devoir l'être selon les circonstances. Deux mots lui indiquant votre idée ou votre but suffiraient pour que son esprit epuisa la matière avec le touché le plus convenable au sujet. Il est également docile pour réformer ce que vous croiriez devoir retrancher de ce qu'il aurait jeté. Enfin, vous auriez une personne de confiance cachée et sûre, telle que j'ai vu dans les circonstances épineuses, tous les ministres de votre délicat département en avoir tenu. Vous avez en outre l'avantage dans celui-ci de ne donner aucun ombrage à votre bureau où il ne prétend rien, et où il ne travaillerait même pas, mais dans vos chambres d'en haut ou chez lui. Il me paraît presque inutile à Lausanne où il ne manque pas de nos personnes comme M. Bigex, pour parler à ce bon homme de nouveau bailli et ce que le roi ne peut se dispenser de lui fournir là, lui suffirait à Turin, où il a de bons parents : aussi le service et l'économie s'y rencontreraient, et lorsque la justice et la paix renaîtront sur la terre, Sa Majesté aura un excellent sujet formé à de plus sûrs principes que ceux des parlementaires qui avaient pénétré dans le Sénat de Savoie. Comme les hommes n'ont pas des qualités sans quelque mélange de défauts et l'amitié ne doit pas, à mon sens, cacher ceux-ci qui peuvent influer au service en parlant à un Ministre. Aussi je vous préviendrai que M. Maistre montre trop son esprit et peut en faire inconsidérément dans les compagnies où on le goûte infiniment et il faut l'éloigner par conséquent. C'est par cette supériorité qu'il s'est fait beaucoup d'ennemis, ainsi que je lui ai reproché depuis très longtemps. Je le gronde aussi de ce qu'il se laisse abattre aisément » (1).

Le ministre, M. le comte d'Hauteville, répondit : « Je connais ses talents : c'est comme vous dites, Monsieur, un homme de beaucoup d'esprit. Je ne crois pas cependant

(1) Gerbaix de Sonnaz : *Gli ultimi anni di regno di Vittorio-Amedeo III* (dans *Miscellanea di Storia italiana*, sér. III, t. 18, Turin, 1918, p. 333-334).

pouvoir tirer de sa plume d'aussi grands avantages que vous imaginez, toute bonne qu'elle soit. »

J. de Maistre néanmoins reçut une récompense du Roi. Le 3 juillet, le baron d'Erlach l'informait qu'il avait reçu avis de sa nomination officielle comme *correspondant des bureaux du Ministère des Affaires étrangères de Turin.* C'était peu reluisant, mais, tout de même, J. de Maistre cessait d'être un émigré pour être un personnage de la carrière, un diplomate. Il retrouvait, par là-même, un appointement qui, si minime fût-il, pouvait dans une certaine mesure atténuer son impécuniosité. De ce point de vue, J. de Maistre accueillit avec joie sa nomination.

CHAPITRE III

J. de Maistre correspondant à Lausanne du Ministère des Affaires étrangères de Turin
(1793-1797)

Les *Considérations sur la France*
(1797)

A Lausanne, les émigrés savoisiens se préparaient ouvertement à la guerre. Le 22 juin, le marquis de Sales, attaché à l'état-major du duc de Montferrat, venait dîner avec son ami J. de Maistre. Le 25, celui-ci demandait au baron d'Erlach l'autorisation de tenir une réunion de tous les émigrés savoisiens. Le 26 au matin eut lieu « l'assemblée de tous les sujets du roi, résidens à Lausanne à Belle-vue ; messe pour le roi, bénédiction et discours préliminaire de M. l'abbé Bigex, vicaire général de l'évêque d'Annecy » (1). C'était comme une messe avant l'attaque. Maurice de Sales était venu distribuer les rôles pour que, malgré la neutralité de la république du Valais, une colonne de l'armée austro-

---

(1) J. de Maistre : *Les Carnets* ; op. cit.

sarde, destinée à envahir le département du Mont-Blanc par le Faucigny, puisse emprunter le territoire de cette république. D'autre part, il était venu assurer le recrutement d'un régiment suisse et donner des instructions pour faciliter les désertions dans l'armée française. Le 27, J. de Maistre marque qu'à cette date Maurice de Sales quittait Lausanne.

En juillet, l'offensive de l'armée austro-sarde ne se déclanchant pas, J. de Maistre bout d'impatience. Il aurait voulu que, profitant de la révolte de Lyon, des troubles fédéralistes du Midi, de la lutte entre les Girondins et les Montagnards dans le reste de la France, son Roi s'avançât hardiment en Savoie et portât secours aux Lyonnais assiégés. Mallet du Pan, alors à Bruxelles, était dans le même état d'esprit et envoyait des lettres d'injures au baron Vignet des Etoles, lui reprochant l'inertie de l'armée austro-sarde. Transmettant ces lettres à Turin, Vignet des Etoles ajoutait : « Je ne vous envoie pas la lettre de Mallet, 1° parce qu'elle est pleine d'injures sur notre inaction et notre négligence à faciliter la réunion des Marseillais et des Lyonnais et ainsi à séparer tout le Midi de la Convention. Nous avions entre nos mains, dit-il, plus qu'aucune autre puissance, le sort de l'Europe » (1).

En post-scriptum le baron Vignet ajoutait : « Ce que Mallet dit de vrai, c'est que les Jacobins se sont emparés de l'audace, de la vigueur et de la célérité qui donnent tant d'avantages... Heureux ceux qui attaquent. »

A Lausanne, les femmes maudissaient à leur tour ces généraux autrichiens qui semblaient s'endormir. Anne de Maistre écrivait au marquis de Sales : « Ne pas entrer en Savoie ! Ne pas écraser les quatre pelés qui gardent nos montagnes ! Oh ! Monsieur le Marquis, quel démon s'est donc emparé des esprits ! Quel mauvais et hideux génie fait des redoutes dans toutes les têtes, pire mille fois que toutes celles des Français !.. Ne verrons-nous pas nos dieux pénates au temps de la vendange ? Cette idée me tue, ou pour mieux dire, elle me fait vivre de la mort » (2). J. de Maistre faisait savoir que ses correspondants n'attendaient qu'un signal pour déchaîner une révolte générale en Savoie. Circonstance heureuse, Helflinger, représentant

---

(1) Fr. Descostes : *Mallet du Pan* ; 1 vol., Paris, p. 48.

(2) Fr. Descostes : *Joseph de Maistre pendant la Révolution* ; op. cit., p. 381.

de la France en Valais, et agent d'espionnage de première valeur, venait d'être déplacé !

Ce ne fut que dans la nuit du 11 au 12 août que l'offensive austro-sarde commença.

Dans l'état-major de l'armée des Alpes, commandée par Kellermann, ce fut l'affolement. Les services d'espionnage (1) ayant été désorganisés depuis la chute des Girondins et manquant d'argent, avaient fonctionné de façon insuffisante. Le général Kellermann avait retiré ses réserves du Mont-Blanc et était parti avec elles au siège de Lyon. A Paris, l'on ne douta pas que le département du Mont-Blanc fût perdu pour la République. Un député dantoniste proposa même d'abandonner ce département où les habitants trahissaient. A Chambéry, l'ordre fut donné d'évacuer les hôpitaux et les magasins de l'armée sur Grenoble... A Chambéry, à Cognin, à Rumilly, à Annecy, des bandes armées se levaient en faveur du roi de Sardaigne. Il aurait suffi d'un peu d'audace et de rapidité dans la manœuvre de la part des généraux autrichiens pour que cette offensive réussît parfaitement. Mais les Austro-Sardes ne surent même pas utiliser l'effet de surprise produit par leur attaque imprévue. J. de Maistre, avec son entourage, recommença à parler, devant tant de lenteur et d'incapacité, de trahison. De Lausanne, il enviait la belle énergie, l'audace impétueuse déployée dans le camp des révolutionnaires. Ils avaient su se ressaisir. Galvanisés par Philibert Simond, renvoyé en toute hâte par le Comité de Salut public pour défendre le Mont-Blanc, les jacobins savoisiens surent empêcher une révolte générale de ce département. Cinquante-quatre otages furent pris parmi les nobles de Savoie et évacués sur Grenoble avec les blessés. Kellermann, ramené du siège de Lyon, sut maintenir ses troupes cramponnées au terrain. Dès septembre, il avait reçu assez de renforts pour prendre une contre-offensive. J. de Maistre envoyait des lettres indignées. A Turin, un parti anti-autrichien s'était formé à la Cour et applaudissait aux mercuriales de J. de Maistre contre les lenteurs voulues des généraux autrichiens et peut-être leur trahison. Le 8 septembre, J. de Maistre écrivait à Mme Costa : « J'ai encore de quoi vivre, sans me gêner, pendant quinze jours. Je m'en moque,

(1) R. Delachenal : *Correspondance de Pierre Chépy* ; 1 vol., Grenoble, 1894, p. 117 et suiv.

car ils se sont mis à m'aimer à Turin et ils sont gens à me payer les appointements qu'ils me doivent. Nombre de gens me croyaient perdu (et se mourraient de joie) à cause de mes admonestations habillées en louanges. Point du tout : nombre de personnages qui comptent ont pris cela fort bien » (1). Les Austro-Sardes, en fin octobre, étaient ramenés à leur point de départ. Ce rétablissement prodigieux arracha à J. de Maistre un cri d'admiration. Il fut un des seuls, dans le camp des émigrés, à rendre avec lucidité hommage à la valeur militaire des Français, à l'admirable énergie de Philibert Simond et de ses acolytes. Les Piémontais, sauf une minorité anti-autrichienne, ne voulurent pas convenir de leurs fautes et de l'incapacité notoire des généraux autrichiens qu'ils avaient comme chefs. Ils s'en prirent aux nobles savoisiens qu'ils accusaient de les avoir trompés sur l'état des esprits en Savoie. J. de Maistre eut une explication très vive à ce sujet avec le duc de Montferrat. Il encourut, comme son ami Maurice de Sales, une sorte de disgrâce (2). Exaspéré contre tant de suffisance et d'incapacité, J. de Maistre s'exprimait en termes très vifs sur le compte de certains Piémontais dans sa correspondance avec le baron Vignet des Etoles. Ce dernier lui annonça qu'à Turin on recommençait à parler de son jacobinisme, de sa participation au complot maçonnique.

Dans une lettre en réponse, J. de Maistre maintint à son ami « que, contrairement à ce que l'on disait, il ne détestait pas les Piémontais, qu'il leur préférait seulement les paysans savoyards, accordant cependant que les bourgeois ne valaient pas grand'chose». Que, royaliste ardent, il n'entendait pas abandonner ses convictions, à savoir que l'armée dans les états sardes avait un pouvoir dangereux, celui d'exercer la police dans l'Etat. Il faudrait, quand le Roi recouvrerait la Savoie, enlever ce pouvoir à l'armée. En un mot, séparer la monarchie de la bâtonocratie. «Quant à mes ennemis, je suis leur très humble serviteur, je n'y pense plus. Tous les cris que j'ai entendu pousser contre vous, ici et ailleurs, ne peuvent égratigner l'amitié qui m'unit à vous. J'espère que mes clabaudeurs ne font pas plus d'impression. L'unique chose qui me fâche, c'est de vous voir parler sérieusement de cette niaiserie de franc-

(1) J. de Maistre. Edit. Vitte, t. IX, p. 53.

(2) Fr. Descostes : *Joseph de Maistre pendant la Révolution* ; op. cit., p. 500 et suiv.

maçonnerie, enfantillage universel en deçà des Alpes, dont vous auriez été si vous aviez été parmi nous, et dont je me mêlais si peu depuis que j'étais enfoncé dans les affaires, que j'ai reçu un jour une députation pour savoir si je voulais être rayé de la liste; mais, mes bons amis ne manquaient pas à Turin de m'appeler *frère Joseph*, tandis que je faisais tranquillement des arrêts à Chambéry. Je ne suis pas étonné que, dans un pays dont le vice capital est d'attacher une extrême importance à des riens, on ait parlé, et même beaucoup parlé de cette misère; mais je suis étonné que vous n'ayez pas senti tout de suite que ce n'était qu'un prétexte pour me jouer une pièce » (1).

Comme on le voit, J. de Maistre n'entendait pas être traité comme un « homme fini » par les Piémontais, amis de l'Autriche!

*
* *

En octobre 1793 (2), J. de Maistre n'osant pas, vu les circonstances, demander des fonds à Turin, emprunta 100 louis au baron d'Erlach, lequel était non seulement le protecteur des émigrés savoyards, mais encore leur providence. N'avait-il pas avancé jusqu'à 20.000 livres au marquis de Sales pour l'enrôlement des volontaires suisses ? Le billet souscrit par J. de Maistre a belle allure : « Je dois à Monsieur le général baron d'Erlach la somme de 100 louis d'or de France qu'il m'a prêtée sans autre hypothèque que ma parole d'honneur, pendant les malheurs de la Savoie, et que je promets de lui rendre dès l'instant que je le pourrai. — A Lausanne, le 2 octobre 1793. »

Le 25 octobre, ce bon d'Erlach était nommé au Petit Conseil, à Berne. J. de Maistre perdait un ami dévoué et un protecteur éclairé. C'était d'Erlach qui avait insisté, à cause des incessants passages d'émigrés savoisiens par Lausanne, pour que le roi de Sardaigne eut dans cette capitale un représentant officiel. Il n'avait pas manqué d'indiquer que le choix de J. de Maistre pour ce poste lui agréerait particulièrement.

*
* *

(1) J. de Maistre. Edit. Vitte, t. IX, p. 59.
(2) J. de Maistre : *Les Carnets* ; op. cit.

En octobre et novembre 1793, J. de Maistre vécut dans l'angoisse. Il craignait que les Jacobins vainqueurs, mais ayant eu terriblement peur du retour du Roi, n'exerçassent en Savoie des représailles nombreuses. Il n'en fut rien. Philibert Simond conseilla et proclama le grand pardon. Les otages furent relâchés à Grenoble. Cette amnistie générale surprit J. de Maistre ; il ne put se l'expliquer que par un « tripot bienveillant » d'Aurore de Bellegarde qui, disait-on, était la maîtresse de Philibert Simond. D'autres influences féminines intervinrent, celle entre autres de la marquise d'Yenne, qui allait épouser le général Verdelin, commandant en chef la colonne chargée de reconquérir Cluses et le Faucigny.

Cette politique de l'indulgence, J. de Maistre l'avait conseillée à son Roi. Lorsque les colonnes piémontaises commencèrent à réoccuper une partie du territoire de la Savoie, Turin commit la faute de faire fonctionner aussitôt, sur les arrières de ses armées, une Cour de justice, chargée de juger les rebelles savoyards. Vignet des Etoles et le comte d'Hauteville avaient proposé J. de Maistre pour le poste d'avocat général près cette Cour. Il refusa et écrivit au comte d'Hauteville que cette Cour de justice était un « pas d'école » (1).

*
* *

Au début de l'année 1794, les alarmes de J. de Maistre redoublèrent. La Terreur régnait dans les départements voisins du Mont-Blanc.

A Lyon, à Bourg, les royalistes étaient massacrés. Qu'allait-il se passer à Chambéry avec l'arrivée du nouveau Commissaire de la Convention, le citoyen Albitte? J. de Maistre avait pu réunir à Lausanne autour de lui, et sous sa protection, sa femme qui s'était échappée de Savoie en juillet et avait pu gagner le pays de Vaud habillée en paysanne, mais qui néanmoins avait dû abandonner sa petite fille à des paysans près du lac d'Annecy. Il avait encore sa fille aînée, son fils, sa sœur Anne, son autre sœur Mme Constantin de la Bathie, dont le mari, arrêté à Truaz dans les circonstances que nous connaissons, avait été libéré des prisons révolutionnaires après quatre mois de prévention et avait rejoint Lausanne le 8 août, juste à temps pour

(1) J. de Maistre. Edit. Vitte, t. IX, p. 49.

prendre les armes dans la colonne d'invasion du Faucigny, commandée par Maurice de Sales. Mais restaient en Savoie son frère le doyen de Moûtiers et toute sa belle famille. J. de Maistre, alarmé par la proclamation d'Albitte ordonnant la destruction des églises, des châteaux et l'arrestation des nobles et des prêtres, fit parvenir aussitôt cette nouvelle à son frère le doyen de Moûtiers. Puis, malgré qu'il n'eût presque pas de fonds, il prit sur le pain de sa famille l'argent nécessaire pour payer des commissionnaires vaudois qui consentissent à pénétrer en Savoie munis de passeports, afin de tenter de ramener les personnes auxquelles ils étaient adressés. Après diverses tentatives, le 3 avril, un voiturier assuma cette mission. Il ne dépassa pas Annecy, où il fut arrêté. La famille de Morand ayant été emprisonnée, J. de Maistre envoya sa sœur solliciter, au château de Coppet, l'intervention, auprès des autorités révolutionnaires, de Mme de Staël, qu'il connaissait et qui mettait à la disposition des familles nobles malheureuses, l'influence considérable dont elle jouissait (1).

*
* *

Dès le mois d'avril 1794, les Français renouvelèrent leurs attaques sur le Piémont, cette fois dans le comté de Nice, en vue de s'emparer du col de Tende. Henri Costa de Beauregard, qui avait repris du service en août 1792, se battait cet hiver avec les défenseurs du col de Tende. Il avait le grade de major et le général Colli était son chef. Costa avait sous ses ordres son jeune fils, âgé de 15 ans. Au combat de la Saccarella (27 avril), Eugène Costa fut blessé par une balle et mourut des suites de sa blessure.

Le 28 mai, J. de Maistre porte dans ses *Carnets* : « Mercredi je reçois la nouvelle fatale de la mort du jeune Eugène Costa, mort de ses blessures à Turin, dans la nuit du 20 au 21.

29. — Je pars pour Nyon dans l'après-midi pour me rendre auprès de Mme la comtesse de Costa et lui rendre les tristes devoirs qu'exige la circonstance.

30. — Séjour à Nyon.

31. — Vers les 7 heures du matin, on apprend à Mme Costa son malheur.

---

(1) J. de Maistre : *Les Carnets* ; op. cit.

2 juin. — Je pars à 3 h. 1/2 avec Mme Costa et sa femme de chambre, elle vient s'établir chez moi. »

Le 12, J. de Maistre, ayant réussi à convaincre Mme Costa à ne pas retourner à Nyon et à vivre désormais près d'eux à Lausanne, lui loua une maison chez Mme Charrière à *Petit Bien*.

Pour bercer cette douleur d'une mère et ces malheurs d'émigrés, J. de Maistre composa son « *Discours à Madame la Comtesse Henri de Costa sur la vie et la mort de son fils, lieutenant au corps des grenadiers royaux de S. M. le Roi de Sardaigne. Né au château de Villars en Savoie le* 12 *avril* 1778, *mort à Turin le* 12 *mai* 1794, *d'une blessure reçue le* 27 *avril précédent, à l'attaque du col Ardent* » (1).

Ce discours fut imprimé et publié à partir du 15 août 1794. J. de Maistre à Lausanne fut son propre éditeur et en vendit un nombre important d'exemplaires.

*
* *

Tandis que ces événements avaient lieu sur les frontières de la monarchie sarde, d'autres événements surprenants se passaient à Paris. Hérault de Séchelles et Philibert Simond y étaient guillotinés les 5 et 10 avril 1794. Cette chute inouïe d'hommes, frappés en plein prestige et force, provoqua les méditations de J. de Maistre. De façon définitive, il cessa d'envisager les événements de l'histoire contemporaine du point de vue terre à terre qui était cher à Mallet du Pan.

Après mai 1794, J. de Maistre chercha toujours une explication aux événements politiques qui se produisaient autour de lui, du point de vue divin. A cette date, il formulait déjà sa théorie célèbre du gouvernement temporel de la Providence. Le 2 mai, en effet, il écrivait à Vignet des Etoles : « Je crois que tout ce que nous voyons nous mène au bien par des chemins inconnus. Cette idée me console de tout ; mais quand et comment parviendrons-nous à ce mieux ? Voilà le secret de la Providence. Autant que je puis en juger, je crois que nous en sommes encore passablement loin. Ce qui peut encore nous consoler, c'est que l'ordre actuel, tout abominable qu'il est, est nécessaire pour faire

(1) J. de Maistre. Edit. Vitte, t. VII.

justice de tout le monde, et les coquins en chef surtout sont punis avec une précision qui doit vous faire plaisir » (1).

Quand le malheur frappa chez son ami Henri Costa, il envisagea à nouveau cet événement douloureux du point de vue récent qu'il avait adopté et formula sa théorie de la *reversibilité des peines*. Que les coupables comme Hérault ou Simond, par exemple, fussent frappés, très bien. Mais pourquoi la mort de ce jeune Costa ? Pourquoi ce sang innocent répandu ? Un pareil malheur n'est-il pas fait pour révolter contre la Providence qui gouverne le monde ? J. de Maistre répondit : « Il faut avoir le courage de l'avouer, Madame; longtemps nous n'avons point compris la Révolution dont nous sommes les témoins ; longtemps nous l'avons prise pour un *événement*. Nous étions dans l'erreur : c'est une *époque* ; et malheur aux générations qui existent aux époques du monde !... Certainement, Madame, ce chaos finira, et probablement par des moyens tout à fait imprévus. Peut-être même pourrait-on déjà, sans témérité, indiquer quelques traits des plans futurs qui paraissent décrétés. Mais par combien de malheurs la génération présente achètera-t-elle le calme pour elle et pour celle qui la suivra ? C'est ce qu'il n'est pas possible de prévoir. En attendant rien ne nous empêche de contempler déjà un spectacle frappant : celui de la foule des grands coupables immolés, les uns par les autres avec une précision vraiment surnaturelle. *Je sens que la raison humaine frémit à la vue de ces flots de sang innocent, qui se mêlent à celui des coupables.* Les maux de tout genre qui nous accablent sont terribles, surtout pour les aveugles, qui disent que tout est bien, et qui refusent de voir dans tout cet univers un état violent, absolument contre nature, dans toute l'énergie du terme. Pour nous, Madame, contentons-nous de savoir que tout a sa raison que nous connaîtrons un jour... Sous l'empire de Dieu très bon, très grand, « *tous les maux dont nous sommes les témoins ou les victimes ne peuvent être que des actes de justice, ou des moyens de régénération également nécessaires* ». N'est-ce pas lui qui a dit, par la bouche d'un de ses envoyés : « Je vous aime d'un amour éternel ? » Cette parole doit nous servir de solution générale pour toutes les énigmes qui pourraient scandaliser notre ignorance. Atta-

---

(1) J. de Maistre. Edit. Vitte, t. IX, p. 60.

chés à un point de l'espace et du temps, nous avons la manie de rapporter tout à ce point, nous sommes à la fois ridicules et coupables. »

*
* *

A partir de ce mois de mai 1794, l'explication des événements politiques par le *Providentialisme* et la théorie de la *Reversibilité des Peines*, c'est ce qui va faire la profonde originalité de J. de Maistre écrivain, le succès de nouveauté de ses écrits. Le XVIIIe siècle était habitué, en histoire, à la philosophie prosaïque des enchaînements de faits mis à la mode par Voltaire. Avec le *Providentialisme* de J. de Maistre, c'était la philosophie de l'histoire à la Bossuet, comme un écho de cette grande voix qui se faisait à nouveau entendre au moment où les chutes d'empires, naguère puissants, s'annonçaient ! Dès ce moment il aurait pu écrire cette note de ses *Carnets* que nous ne trouvons qu'en février 1798 : « J'ai brûlé ce manuscrit de mes *Lettres savoisiennes* composées à une époque où je n'avais pas la moindre *illumination* sur la Révolution française... Malgré les vues droites qui les ont dictées, je les ai prises en aversion comme fruits de l'ignorance. » Cette illumination, J. de Maistre l'avait eue en mai 1794...

*
* *

Providentialisme, reversibilité des peines, étaient des thèses essentiellement catholiques (1). Pourquoi les retrouvons-nous à cette date sous la plume de J. de Maistre ? Ce dernier est muet dans ses *Carnets* sur les influences théologiques qu'il subit en cette année 1794. Cependant elles ne sont pas niables. Les prêtres savoisiens réfugiés à Lausanne s'étaient remis, après la défaite de l'armée austro-sarde, à leurs études de séminaire ; ils refaisaient de la théologie, ils étudiaient à nouveau les Saintes Ecritures. Une véritable faculté de théologie fonctionna à Lausanne dès fin 1793, en vue de préparer la reconquête catholique de la Savoie où la Terreur détruisait les églises et empêchait l'exercice public du culte.

---

(1) F. Vermale : *Joseph de Maistre inconnu* ; 1 vol., Chambéry, 1921, ch. VI.

Une renaissance catholique se produisit dans ce milieu d'émigrés (1). La foi embrasa à nouveau ce clergé que J. de Maistre avait considéré, jusqu'en 1789, en pleine décadence. De véritables confesseurs de la foi se révélèrent. Malgré la Terreur, plusieurs prêtres acceptèrent le rôle de missionnaires. Les premiers d'entre eux entrèrent en Savoie en mars et mai 1794. Le vicaire général d'Annecy, M. de Thiollaz, leur avait recommandé d'être prudents, de dire très peu de messes, point de bréviaire en route, de marcher la nuit... Les *Carnets* mentionnent les départs de quelques-uns de ces missionnaires. C'est dans ce milieu d'exaltation religieuse, d'études et de controverses théologiques dans le voisinage et le contact avec des pasteurs protestants, que J. de Maistre prit conscience de l'erreur que commettait l'esprit rationaliste du siècle, comme l'esprit calviniste, en n'envisageant les événements historiques que du seul point de vue humain. C'est grâce à cette influence du milieu des théologiens de Lausanne, qu'il retrouva la grande tradition de Bossuet, et par delà Bossuet celle de Bellarmin, puis celle de St Thomas d'Aquin dont il parlera longuement dans les *Soirées de St-Pétersbourg.*

*
* *

En août 1794 (2), J. de Maistre s'éleva de plus en plus violemment contre les partisans des Autrichiens à la Cour de Turin. En cela il était du même avis que la plupart des nobles savoisiens qui servaient dans l'armée sarde, en particulier de son ami Henri Costa. Le baron Vignet des Etoles était, au contraire, partisan de l'Autriche. Une polémique éclata entre Lausanne et Berne sur ce sujet.

Le 15 août 1794, J. de Maistre écrivait à Vignet : « Si je n'ai point de fiel contre la France, n'en soyez pas surpris, je le garde tout pour l'Autriche. C'est par elle que nous sommes perdus, écrasés; c'est par elle que nous sortirons d'ici non seulement sans argent, mais sans considération, j'ai presque dit sans honneur. Vous parlez d'orgueil, de prétention, trouvez-moi une suprématie plus insultante que celle que l'Autriche exerce à notre égard. J'aimerais

(1) J. de Maistre contribua, comme le prouve ses lettres à Mme la baronne de Pont (Edit. Vitte, t. IX), à décider des dames protestantes de Lausanne à passer au catholicisme.

(2) J. de Maistre. Edit. Vitte, t. IX, p. 66 et suiv.

mille fois mieux 30.000 émigrés qui se battraient pour nous, que 30.000 Allemands qui sont venus nous voir assommés sur les montagnes avec des lunettes d'approche. M. d'Autichamp, M. de Narbonne me plairaient tout autant, je vous l'avoue, que M. de Vins avec sa fistule qui s'ouvre à point nommé toutes les fois qu'on le contrarie. »

J. de Maistre ne se contente plus d'afficher son mépris des Autrichiens, il s'avère francophile décidé. Le 22 août, il déclare à Vignet des Etoles : « Je suis persuadé irrévocablement que le plus grand malheur qui puisse arriver à l'Europe, c'est que la France perde son influence. » Dans le même temps il compose pour le roi de France une *Cinquième lettre d'un royaliste*, qu'il soumettra à la censure de l'évêque de Sisteron, Mgr François de Bovet, lequel résidait à Fribourg (1).

Vignet des Etoles, ayant composé un *Mémoire* pour démontrer que les Alliés avaient eu raison de vouloir détruire ou morceler la France, l'envoya à J. de Maistre. Celui-ci qualifia ce travail de « très bonne pièce historique », mais il conclut : « Votre *Mémoire* n'ébranle nullement mon opinion qui se réduit uniquement à ceci : Que l'empire de la coalition sur la France et la division de ce royaume seraient un des plus grands maux qui puissent arriver à l'humanité. »

Quand il écrivait à Turin des lettres au comte d'Hauteville sur les affaires de France, J. de Maistre ne dissimulait ni son austrophobie, ni sa francophilie. Il arriva que tout cela provoqua une heureuse aventure. Victor-Amédée III étant tombé gravement malade en octobre 1794, le prince de Piémont, écarté jusque là de la direction des affaires, commença à se mettre au courant en vue de son accession prochaine au trône. Il prit connaissance des rapports des agents résidant à l'étranger. Ce prince était austrophobe et, par sa femme, très francophile. Les rapports de J. de Maistre plurent.

Du jour au lendemain, J. de Maistre, qui n'avait connu à Turin jusque là qu'une demi-disgrâce, jouit de la faveur royale. Le 23 décembre 1794 (2), il avisait de ces bonnes nouvelles le baron Vignet des Etoles, l'ami des mauvais jours. Le duc de Montferrat le premier se réconciliait avec

---

(1) J. de Maistre : *Les Carnets* ; op. cit.
(2) J. de Maistre. Edit. Vitte, t. IX, p. 89.

lui. Il lui envoyait une lettre des plus flatteuses et... des plus amicales. Il ajoutait à son ami : « Ce n'est pas tout, vous m'êtes trop attaché et je le suis trop à vous pour vous laisser ignorer (mais ceci n'est qu'entre nous) que le comte d'Hauteville vient de m'avertir confidentiellement que Mgr le Prince de Piémont se faisait lire toutes mes lettres et qu'il m'en avertissait afin que je leur donnasse une tournure qui leur permît de les lire tout entières. Tout cela est assaisonné de choses très flatteuses. Je vous en fais part, parce que je connais l'intérêt que vous prenez à moi. »

Dès lors un changement notable se produisit dans la situation matérielle de J. de Maistre. Le 27 décembre, le comte d'Hauteville l'avisait qu'il pouvait « prendre sans difficulté l'argent dont il avait besoin chez MM. Portaz et Cenys qui en reçoivent par le même courrier » (1).

Le 31 décembre, J. de Maistre établissait un aperçu des « dépenses indispensables » à sa subsistance. Il fixait son indemnité à 135 livres par mois pour sa nourriture, sans viande, 864 livres pour sa location, 72 livres pour les gages d'une servante, 56 livres par mois pour ses frais de poste et autres menus frais ; au total : 3.204 livres par an.

Nous avons vu J. de Maistre empruntant, en octobre 1793, 100 louis au baron d'Erlach. Il fallait ménager cette somme qui constituait une réserve. Heureusement que, le 1er janvier 1794, notre sénateur recevait de Chambéry une somme en or qui valait 2.700 livres de France. Cette aubaine le sauva lui et les siens de la gêne et même de la misère. Ménager de ses fonds, J. de Maistre essaya de se priver de viande : il dut y renoncer au bout de trois mois. Le 15 juillet, après avoir remboursé 50 louis au baron d'Erlach, il lui restait en poche 2.160 livres. Le geste de Turin fut donc le bienvenu dans la maison de Lausanne.

Dès qu'il avait été en fonds, J. de Maistre en avait profité pour se rendre à Berne, auprès de Vignet des Etoles, qui, le 28 janvier 1794, reprenait ses démarches à Turin afin d'obtenir à son ami une place « sans aucun titre » au ministère des affaires étrangères. Il avait encore échoué.

En juillet, J. de Maistre retourna à Berne. A propos de ce voyage, ses *Carnets* portent une note qui nous le dépeint tout en force et en muscles : « Je pars pour Berne en cabriolet à 3 heures du matin avec M. Mercier, nous donnons

---

(1) J. de Maistre : *Les Carnets* ; op. cit., p. 75 et suiv.

l'avoine à Mondon et à Marnan, dîné à Payenne, arrivé à Morat à 8 h. 1/2 du soir : très grande journée ; avant soupé, je vais nager à la lune dans le lac de Morat. Quelques rêveries sur l'armée de Charles le Téméraire » (1).

*
* *

La maladie du roi de Sardaigne, Victor-Amédée III, ne fut qu'une lente agonie. Il ne mourut qu'en octobre 1796. Pendant ce temps des événements importants survenaient en Europe.

La Révolution reculait en France. A la réaction thermidorienne succédait la Terreur Blanche ; à cette période de massacre des révolutionnaires par les royalistes assoiffés de vengeance, succédait la période du Directoire avec ses scandales, ses tripotages, ses désordres. Mais, tandis que la Révolution s'enfonçait de plus en plus comme dans la vase d'un marais putride, ses armées remportaient des succès éblouissants à l'extérieur. La Hollande fut conquise en plein hiver (février 1795). Devant ces succès constants, la Prusse abandonna la cause des Rois et se rapprocha de la Révolution avec laquelle elle signa le traité de Bâle (15 avril 1795). Peu après les émigrés ayant tenté un débarquement dans la presqu'île de Quiberon, leur armée fut détruite.

Ces victoires renouvelées alarmèrent J. de Maistre d'autant plus vivement que le gouvernement de son Roi lui paraissait plus faible. Le 26 août (2), il jette un cri d'alarme. Il annonce des préparatifs d'une offensive française contre le Piémont à Vignet des Etoles. « M. de Trévor (qui passait l'été à Lausanne quoique ambassadeur d'Angleterre à Turin) reçoit de Paris les mêmes nouvelles que je reçois de Savoie et de Genève. On veut absolument faire un nouvel et dernier effort contre le roi de Sardaigne. Dieu veuille que nous nous tirions de là. Dans l'état de choses 600 hommes prendraient le duché d'Aoste ; il n'y a, au pied de la lettre, point d'autorité. Trois ou quatre officiers se disputent le commandement, et ne sont occupés, du matin au soir, qu'à se contrarier. Sans un général unique qui absorbe toute la puissance, il n'y aura pas trop moyen de se tirer d'affaires ; mais j'espère qu'on y pourvoiera... »

(1) J. de Maistre : *Les Carnets ;* op. cit., p. 63.
(2) J. de Maistre. Edit. Vitte, t. IX, p. 86.

Sinon ce seront de « nouveaux malheurs » et « peut-être l'écroulement général». Prédiction qui devait se réaliser avant la mort du roi Victor-Amédée III !

Cette catastrophe que J. de Maistre prévoyait, il enrage qu'à Turin on ne fasse rien pour la prévenir. Le remède cependant serait facile : « Il ne faut point de révolution pour réformer tout cela : il faut écouter les gens qui savent la politique » (1). J. de Maistre regrettait de n'avoir pas en mains la puissance ministérielle afin de pouvoir mieux servir la royauté et la sauver. Il se sentait de taille pour ce rôle. Pourquoi faut-il qu'à Turin on l'ait écarté systématiquement des grandes charges de l'Etat ? C'est justement parce qu'il n'était pas souple qu'on aurait dû lui confier des postes difficiles. A force de lui prêcher la modération, on l'a abêti. On aurait dû lui laisser faire les esclandres qu'il voulait causer, lui laisser casser les vitres. Il répétait à Vignet des Etoles : « Il faut écouter les gens qui savent la politique, et ne pas les traiter de mauvaises têtes (à commencer par vous) lorsqu'ils montrent très respectueusement, du bout du doigt, l'abîme où l'on court. »

En septembre 1795, J. de Maistre dénonça à nouveau l'incapacité du commandement autrichien, en particulier de M. de Vins, général en chef des armées austro-sardes. Il écrivait à Vignet des Etoles : « Vous comptez de grands coups dans la Rivière, vous faites bien de l'honneur aux Autrichiens, ils n'attaqueront point et s'ils attaquent M. de Vins, par trahison ou par impéritie s'étant posté contre toutes les règles de l'art militaire, sera battu à plate couture. » J. de Maistre était ici l'écho des récriminations des nobles savoisiens qui, comme Henri Costa ou de Martinel, servaient dans le corps d'armée commandé par le général Colli. Il envoyait à Vignet des Etoles des précisions terribles : «Les Allemands sont soldats, mais les Français sont militaires. Lorsqu'un de nos meilleurs officiers montrait à M. de Vins l'importance du col des Termes, ce grand général répondait en bâillant et sans regarder la carte : Qu'est-ce que cela prouve ? Ensuite, il envoyait dans le mois dernier lettres sur lettres à M. Colli pour attaquer ce col, et, en même temps, il lui ôtait ses meilleures troupes. Celui-ci criait, et voilà comment s'est passé l'été. Croyez-vous qu'il n'y ait que de l'ânerie dans tout cela ? J'ai bien

(1) J. de Maistre. Edit. Vitte, t. IX, p. 88.

peur qu'il n'y ait quelque chose de pire. » Comme les Autrichiens avaient été encore battus sur le Rhin, J. de Maistre ironisait sur les éternelles lenteurs de l'armée impériale : « Je ne doute point que M. de Clerfayt n'envoie une estafette à Vienne pour demander la permission d'attaquer les Français, que l'empereur n'assemble un grand conseil de guerre, et que pendant ce temps Mayence ne soit investi » (1).

La trahison du général Pichegru ayant procuré à Clerfayt un succès facile (31 décembre 1795), J. de Maistre recommandait à Vignet des Etoles d'empêcher Turin de s'endormir sur cette victoire qui n'en était pas une. Il maintenait que les Français se préparaient à une attaque sur le Piémont et que les neiges ne les arrêteraient pas. Or si les Français venaient à attaquer, leur victoire était à ses yeux certaine. J. de Maistre disait juste. Les premiers jours d'avril 1796, le jeune général Bonaparte, à la tête de l'armée d'Italie, prenait l'offensive. En dix jours elle remportait une série de victoires foudroyantes, elle s'avançait sur la route de Turin, lorsque Victor-Amédée III demanda la paix, signa l'armistice de Cherasco, puis le traité de Paris (5 mai 1796) (2).

L'article 5 de ce traité permettait au roi de Sardaigne de conserver à son service les nobles savoisiens qui avaient des grades dans ses armées ou dans ses administrations, mais il était obligé de laisser vendre leurs biens comme biens nationaux en Savoie.

Le 30 avril, J. de Maistre inscrivait dans ses *Carnets* : « Samedi 30. Terribles nouvelles d'Italie arrivées aujourd'hui. *Tout paraissant perdu pour moi*, n'ayant plus ni patrie, ni fortune, ni même un souverain, à proprement parler, j'ai fait graver autour de mes armoiries, qui portent des fleurs de soucis, la devise : *Fors l'honneur nul souci.* Je n'ai plus que cette devise à léguer à mes enfants. C'est à eux de ne pas répudier l'hoirie. »

*
* *

J. de Maistre ne se laissa pas abattre longtemps par ce nouveau malheur. La lutte pour ses droits de propriétaire

(1) J. de Maistre. Edit. Vitte, t. IX, p. 90.
(2) F. Vermale : *Joseph de Maistre inconnu* ; op. cit., ch. VII.

le soutint. Il se dit que ses biens de Savoie étaient confisqués, mais qu'il pouvait peut-être les sauver en chicanant. Dès le 10 mai, il envoyait à Vignet des Etoles un *Mémoire sur les Emigrés savoisiens*. Le 19 juin, il adressait à Barthélemy, l'ambassadeur de France à Berne, un *Mémoire* sur la restitution de ses biens de Savoie. Le 24 juillet, il constituait avocat à Paris, afin de défendre, auprès du ministre de la justice, la théorie juridique en vertu de laquelle il concluait que ses biens ne pouvaient être vendus. Il ne s'en tint pas là : il s'adressa à M. Dupont, membre du Conseil des Anciens, et à M. Suard, homme de lettres, pour qu'ils veuillent bien appuyer de leur autorité ses requêtes.

*
* *

Le 23 octobre 1796, Victor-Amédée III étant mort, son successeur appelait J. de Maistre auprès de lui avec une pension de 2.000 livres (28 janvier 1797).

Les *Carnets* portent : « Mardi 7 février 1797, j'ai fait part de mon prochain départ à mes bons amis Huber, qui m'ont fait l'honneur d'en pleurer. »

8 février : « Mon rappel étant connu à Turin, comme je l'ai appris par mes lettres de ce matin, je l'ai déclaré à tout le monde. Je n'oublierai de ma vie les preuves d'intérêt que j'ai reçu à cette occasion. »

9 février : « Ecrit à M. Necker à Coppet, je le remercie de l'envoi de son livre sur *la Révolution de France.* »

28 février : « Je suis parti de Lausanne le mardi après-midi, laissant ma femme et mes enfants sans savoir quand nous pourrons nous rejoindre ! »

*
* *

De Russie (1), J. de Maistre écrira plus tard à ses amis de Lausanne : « Jamais je ne me vois en grande parure au milieu de toute la pompe asiatique, sans songer à mes bas gris de Lausanne et à cette lanterne avec laquelle j'allais vous voir à *Cour*. Délicieux salon de Cour ! C'est celui qui me manque ici. Après que j'ai bien fatigué mes chevaux le long de ces belles rues, si je pouvais trouver l'Amitié en pantoufles, et raisonner en pantoufles avec elle, il ne me manquerait rien. Quand vous avez la bonté

(1) J. de Maistre. Edit. Vitte, t. X, p. 210.

de dire avec le digne ami : « Quels souvenirs ! Quels regrets ! » prêtez l'oreille, vous entendrez l'écho de la Néva qui répète : « Quels souvenirs ! Quels regrets ! »

*
* *

A Lausanne, J. de Maistre ne s'était pas fait seulement une philosophie de l'histoire, il s'était fait aussi des convictions royalistes raisonnées. C'est dans cette ville qu'il opéra une véritable révision des valeurs parmi ces idées politiques (1).

Dans le même temps où Rivarol travaillait, à Hambourg, à son *Traité sur la souveraineté du peuple*, qu'il n'acheva du reste jamais, J. de Maistre travaillait sur le même sujet à Lausanne ainsi qu'il l'annonce à Vignet des Etoles : « Je vous ai déjà parlé de mon ouvrage, auquel je ne mets qu'un intérêt languissant à cause des circonstances ; cependant je le pousse tous les jours, et chaque jour il s'accroît sous ma main. Plan de l'ouvrage : *Première partie* : Origine de la souveraineté. J'y traite, en plusieurs chapitres, de la nature de l'homme, de l'ordre social, de la législation, de l'origine des nations, etc. — *Seconde partie* : De l'exercice de la souveraineté. Je fais voir qu'il n'appartient et ne peut appartenir au peuple ; j'y traite du gouvernement représentatif de l'Angleterre, du gouvernement féodal (morceau que j'ose croire tout nouveau). — *Troisième partie* : Du droit d'insurrection. Je fais voir que la souveraineté ne peut être jugée. Passant à l'insurrection, je dis qu'il ne faut pas demander si l'on peut s'insurger, mais *quand* on le peut, et, traitant la question par voie d'analyse, je fais voir que ce cas n'existe pas. — *Quatrième partie* : Politique expérimentale. C'est un grand travail. Je fais voir les résultats du système français par les propres aveux faits dans les discussions de la Convention. J'ai assemblé une foule incroyable de textes que je mettrai ensemble pour en faire un discours suivi. C'est un travail extrêmement pénible, mais le résultat serait piquant et intéressant. Je ne sais si je pourrai finir. Je manque absolument de temps et les événements me dégoûtent » (2).

---

(1) F. Vermale : *Les Origines des Considérations sur la France de Joseph de Maistre* (dans *Revue d'histoire littéraire de la France*, année 1926, p. 521-29).

(2) Joseph de Maistre. Edit. Vitte, t. IX, p. 75.

Cet ouvrage ne fut jamais achevé par J. de Maistre. Des fragments de ce *Traité* parurent seulement en 1885, sous des titres divers, dans l'édition de ses *Œuvres complètes.*

La partie la plus importante de ce *Traité* porte le titre : *Etude sur la souveraineté;* elle comprenait la première partie du plan communiqué à Vignet des Etoles.

Le morceau intitulé : *Fragments sur la France*, appartenait à la deuxième partie visée au même plan.

Enfin, le morceau intitulé : *Bienfaits de la Révolution française*, représentait la quatrième partie ou politique expérimentale.

Il nous manque la 2e et la 3e partie du *Traité de la souveraineté* où J. de Maistre dissertait sur le gouvernement représentatif de l'Angleterre et sur le droit d'insurrection. Nous en retrouvons néanmoins quelques données essentielles au Livre II *Du Pape.*

L'ensemble de ce Traité de droit constitutionnel était en somme une étude minutieuse et une réfutation méthodique du *Contrat social*, l'évangile des révolutionnaires. Par son ouvrage, J. de Maistre tendait à écrire l'évangile de la contre-révolution. Il va y réussir en synthétisant toutes ces notes dans son pamphlet éblouissant : *Les Considérations sur la France.*

***

Tandis que J. de Maistre procédait à Lausanne à un examen sévère de ses idées politiques, en Suisse, des voix autorisées s'élevaient pour demander à l'Angleterre et aux autres puissances coalisées, la paix. Mme de Staël, qui vivait au château de Mézery en fin 1794, publia des *Réflexions sur la Paix*, qu'imprima le chevalier de Pange dont elle était passionnément éprise et dont elle reflétait les idées politiques.

En mai 1795, Mme de Staël quittait Mézery pour Paris où elle ouvrait un Salon qui devint rapidement célèbre et où elle prêchait ouvertement le ralliement des royalistes au gouvernement du Directoire (3 novembre 1795). Un vent favorable à l'oubli d'un passé sanglant souffla, jusque parmi les émigrés et les prêtres réfractaires non encore rentrés. A Lausanne, J. de Maistre et M. de Thiollaz s'opposèrent au mouvement dit des prêtres soumissionnaires (1),

(1) F. Vermale : *Figures... ;* op. cit., chap. III.

qui, en France et surtout à Paris, avait pris une assez grande extension. Pourquoi ne pas se rallier à la Révolution, disait l'abbé Vuarin ? L'Eglise ne s'était-elle pas ralliée aux barbares vainqueurs pour mieux les conquérir ? De Lausanne des ordres vinrent impératifs, condamnant le ralliement. Il n'y eut pas de prêtres soumissionnaires dans le département du Mont-Blanc. Bien au contraire, Mgr Panisset, évêque constitutionnel du dit département, fut enlevé par les réfractaires à Annecy, et conduit à Lausanne. Là, il signa une formule de rétractation qui était l'œuvre de J. de Maistre et qui contenait les principes du plus pur ultramontanisme. Panisset déclarait : « Réduit à l'état de pénitent, je demande pardon à la religion sainte de Jésus-Christ que j'ai outragé, à l'Eglise contre laquelle je me suis indignement élevé, au Souverain Pontife dont j'ai méprisé l'autorité... Eglise romaine ! Siège de Saint Pierre, qui possédez dans ses successeurs la primauté d'honneur et de juridiction, Eglise, maîtresse des autres Eglises, gardienne de la foi, centre indéfectible de l'Unité... recevez le malheureux qui s'était éloigné de vous avec tant d'éclat ! » (1).

Mme de Staël, l'apôtre du ralliement, ayant été obligée de quitter la France et de se retirer à nouveau au château de Coppet, se consolait, en mars 1796, du mariage du chevalier de Pange en écrivant le livre *des Passions*, tandis que son nouvel ami, Benjamin Constant, écrivait sur la République... J. de Maistre était très au courant de ce qui se passait à Coppet. Il n'était pas sans faire un doigt de cour à la fille de Necker (2). Il ne vit pas sans jalousie, avec tout un groupe d'autres admirateurs, les faveurs marquées qu'elle accorda à cette époque à Benjamin Constant.

Quand parut la brochure de ce dernier, intitulée : « *De la force du Gouvernement actuel et de la nécessité de s'y rallier* », J. de Maistre résolut d'écraser ce « polisson » de Benjamin Constant. En hâte il composa, avec des matériaux empruntés à son *Traité sur la souveraineté populaire*, les *Considérations sur la France*. C'était, sur le plan du *Contrat social*, mais violemment éclairé par sa philosophie de l'histoire à la Bossuet, le manuel contre-révolutionnaire et anti-rousseauiste le plus parfait. Quand son manuscrit fut prêt, J. de Maistre l'envoya à l'éditeur royaliste Fauche-Borel,

(1) J. de Maistre : *Les Carnets* ; op. cit., p. 226-228.

(2) Voir sa lettre d'août 805 à la Marquise de Priero (Edit. Vitte, t. IX, p. 442).

qui l'imprima à Neufchâtel, puis le publia au commencement de 1797. A Lausanne, Mme de Charrière, amie dédaignée par Benjamin Constant, se réjouit, après la lecture des *Considérations*, que J. de Maistre ait écrasé le nouvel ami de Mme de Staël. Elle devina que Benjamin Constant en souffrirait dans son amour-propre d'auteur. Sans le vouloir, J. de Maistre l'avait vengée. C'est le dernier écho de Lausanne. Recueillons-le.

*
* *

Au fond, les conséquences de cette polémique de Lausanne, J. de Maistre ne les réalisa pas toutes sur-le-champ. Six mois après son départ de cette cité hospitalière, réfléchissant encore aux personnalités qui avaient osé prêcher avec cynisme le ralliement à la Révolution, il eut une nouvelle et brusque illumination. Mme de Staël était protestante, Benjamin Constant était protestant. Qui avait soutenu en France la Révolution, sinon les protestants ? (1) L'individualité la plus représentative à cet égard, n'était-ce pas Rabaut-Saint-Etienne, ce pasteur devenu conventionnel, après avoir été un flagorneur de Louis XVI ? Pour la première fois, J. de Maistre, qui jusque là avait affecté d'être en bonnes relations avec les protestants, entrevit que la Révolution française n'était que la suite et la conséquence de la Réforme du XVIe siècle. Si, au point de vue social et politique, il y avait eu effondrement d'un monde ancien, au XVIIIe siècle, cela n'avait été possible, que parce qu'il avait été précédé d'un effondrement religieux, celui provoqué par la Réforme.

Cette vue historique qui nous paraît assez banale aujourd'hui, à nous qui avons vu, au XIXe siècle, Edgard Quinet et le laïcisme se glorifier de cette filiation entre la Révolution de 1789 et la Réforme, constituait, en 1797, une intuition géniale. J. de Maistre en fut bouleversé. En septembre de cette année, il portait dans ses *Carnets* : « Il s'est fait en moi un changement extraordinaire : d'anciens goûts se fortifient, des idées vagues prennent de l'assiette, des conjectures se tournent en certitudes ; aujourd'hui 18 sep-

(1) D'une lettre à la baronne de Pont, il résulte que, au cours de son séjour à Lausanne, J. de Maistre s'était déjà mêlé de conversions de protestants au catholicisme. (Cf. *supra* p. 63.)

tembre, je commence un ouvrage dont je ne connais pas encore le titre. »

Ce furent les *Réflexions sur le Protestantisme* (1). L'ouvrage resta en portefeuille, mais, néanmoins, il agit sur la politique que J. de Maistre devait conseiller aux souverains de suivre à l'égard du calvinisme.

Comme on le voit, le séjour de J. de Maistre a eu une importance capitale dans sa vie. Ce sont ses « Charmettes » à lui. C'est à Lausanne qu'il arma formidablement son cerveau.

---

(1) J. de Maistre. Edit. Vitte, t. VIII.

LIVRE IV

Turin - Venise - Cagliari

(1797-1803)

CHAPITRE I

Les conséquences d'une fâcheuse aventure

Le 7 mars 1797, J. de Maistre arrivait à Turin.

Il y avait des années que J. de Maistre rongeait son frein. Avec la vigueur, l'énergie physique dont il était doué, il aspirait depuis longtemps à agir pour son Roi dans de grands emplois de l'Etat. Il n'en redoutait pas les responsabilités, comme ces vieillards débiles qui n'avaient pas su parer aux catastrophes sans nom qui venaient de se produire. A ce point de vue, on ne pouvait rien lui reprocher. Il avait bien demandé à être intendant général ou ambassadeur, mais le Roi, circonvenu, avait dédaigné d'utiliser ses talents de politique. On l'avait renvoyé en le traitant, les uns d'homme d'esprit, les autres de jacobin. Ah ! si l'on avait voulu employer, en haut lieu, cette force neuve qu'il était et dont il avait conscience, que de fautes auraient été évitées ! Est-ce que le nouveau roi Charles-Emmanuel IV, qui l'appelait à Turin, n'allait pas réparer toutes ces erreurs, et lui confier peut-être même les rênes du char de l'Etat embourbé ? Dans son for intérieur, J. de Maistre croyait que son heure était venue. Cette espérance fut courte. Dès le 1er avril, il inscrivait dans ses *Carnets* : « Aujourd'hui, j'ai 44 ans. *J'ai beaucoup respiré, mais point du tout vécu, et pour moi, tout est dit en ce monde.* » Il avait beaucoup, en effet, travaillé, médité, paperassé, mais fort obscurément. Il n'avait pas vécu au sens fort de ce mot. Vivre, pour lui, c'était collaborer avec son Roi dans le commandement de ses sujets. A cette carrière des grands emplois, il s'y était préparé. Il pouvait légitimement, du reste, y aspirer, car les rois de Sardaigne avaient la coutume de choisir, parmi les sénateurs, les titulaires des plus hauts postes de la monarchie ? Occuper un siège de juge, dire le droit, n'était pas pour lui agir, vivre. Il aspirait à autre chose, et ce quelque chose ne venait toujours pas. Le 8 avril 1797, complètement découragé, il songe à une retraite définitive. Ses *Carnets* portent :

« 8 avril. Rien de nouveau sur mon sort. Je m'occupe beaucoup de l'idée de me retirer avec une pension un peu plus forte que la mienne si je puis l'obtenir, pour me donner uniquement à l'éducation de mes enfants. »

Tout à coup, le succès des *Considérations sur la France* le met en pleine vedette. Les honneurs officiels pleuvent sur lui. Le 27 octobre, il était question de le nommer conseiller d'Etat ; la nouvelle en était plus qu'officieuse : le comte d'Hauteville, ex-ministre des affaires étrangères, l'en avait averti. A ce moment se produisit pour J. de Maistre l'incident catastrophique de la saisie, par l'état-major du général Bonaparte, d'une lettre à lui adressée par Louis XVIII. C'était pour J. de Maistre l'inculpation d'intelligence avec les ennemis des alliés de son Roi. En vertu du traité de Paris, Bonaparte pouvait exiger de Charles-Emmanuel IV l'expulsion du correspondant de Louis XVIII du territoire du Piémont. Nous lisons dans ses *Carnets* : « Le lendemain 28, j'apprends qu'une lettre, interceptée à Milan, renverse toutes mes espérances dans ce pays, et m'obligera peut-être de chercher ailleurs une patrie. Suivant les apparences, cet événement change ma destinée future. Sera-ce un bien. Toute situation est tolérable lorsqu'on peut dire : *Nil concire sibi, nulla culpa.* »

« 29. — J'ai su... que cette lettre saisie m'a fait un tort infini et m'empêchera d'obtenir la *grâce* que j'attendais. C'est une tuile qui me tombe sur la tête, car je ne suis pour rien dans cette aventure. »

Le 22 novembre, le scandale s'accroissait à Turin. Les journaux de Paris étaient arrivés et contenaient la lettre adressée par le comte d'Avaray, au nom de Louis XVIII, à J. de Maistre. Celui-ci jouait de malheur. En effet, pour justifier le coup d'Etat du 18 fructidor an V (6 septembre 1797), le gouvernement du Directoire à Paris avait eu besoin d'établir, par des preuves publiques, l'existence d'un complot royaliste. Il avait publié, au lendemain du coup d'Etat, la correspondance de l'agent royaliste d'Entraygues. La lettre de Louis XVIII à J. de Maistre était, pour le Directoire, un argument de plus. Il la communiqua à la presse d'autant plus volontiers, qu'elle contenait un envoi d'argent (1).

(1) Ernest Daudet : *Joseph de Maistre et Blacas* ; 1 vol., Paris, 1908, chap. I.

Le 28 novembre, J. de Maistre adressa une note à son ministre des affaires étrangères, sur cette affaire. Le 15 janvier 1798, ayant demandé à être reçu, il essuya un refus, et il inscrivait sur ses *Carnets* : « J'ai connu que la tempête n'était pas calmée. » J. de Maistre quitta alors Turin pour se réfugier à la cité d'Aoste. Dans cette ville, il fut l'objet d'une dénonciation de la part du club révolutionnaire qui l'accusa de complot. Il revint à Turin le 17 mai. Dans la nuit du 7 au 8 décembre, Charles-Emmanuel IV abdiquait et se retirait dans l'île de Sardaigne. Le Piémont était annexé à la France.

Le 21 décembre, J. de Maistre écrivait : « J'ai pris congé de tous mes amis ; et n'ayant plus rien à faire à Turin depuis l'arrivée des Français, j'en suis parti le 27 au matin, par un froid très aigu, avec ma femme et mes enfants, et je me suis embarqué sur le Pô pour Venise. »

Le 30, J. de Maistre notait : « J'ai passé la nuit sur l'eau dans ma chétive barque. La cabane était mal faite, mal réparée ; l'air était froid, il est tombé toute la nuit une neige fondue qui se glissait à travers les nattes mal assemblées qui nous couvraient. Cette nuit a été bien longue. » Dans la nuit du 15 janvier, étant à Polisella avec un équipage sur un charriot, des soldats français le volèrent. Le 22 janvier 1799, à 6 heures du soir, il débarquait à Venise. J. de Maistre était tout à ses soucis matériels ; aussi, dans ses *Carnets*, n'accorde-t-il pas une ligne, pas même un mot au décor vénitien. Il s'empressait de trouver un logement pour 15 livres tournois, soit 30 livres de Venise. Comme ses ressources étaient faibles, qu'il avait dû emprunter 100 livres à son ami Vignet des Etoles, il s'émerveillait avec les siens de pouvoir manger à 26 sols de France par repas et pour quatre personnes !

*
* *

Venise était une des capitales de l'émigration. Le gouvernement de cette république y avait toujours été favorable aux émigrés. M. de Thiollaz y était déjà venu dans l'hiver de 1794, et avait rapporté à Lausanne d'excellents renseignements sur les possibilités d'installation des prêtres savoisiens au cas où le séjour en Suisse leur deviendrait difficile. Ces renseignements, J. de Maistre les connut. Ils influèrent sur lui lorsqu'il quitta Turin en décembre 1798. — A Venise, J. de Maistre eut des entrevues avec le cardinal

Maury dont la célébrité datait des séances de la Constituante et avec un certain M. Pacanari « qui veut rétablir l'ordre des Jésuites ».

*
* *

En mars 1799, les affaires de la monarchie sarde s'améliorèrent brusquement. J. de Maistre en écrivait : « La face des affaires politiques a changé totalement en Italie et peut-être en Europe. Le 25 mars, les Français ont été battus sur l'Adige, devant Vérone. Le 27, ils l'ont été à Cassano sur l'Adda, et Milan est à l'Empereur. Ces événements sont bien plus admirables pour ceux qui ont vu que personne ne soupçonnait seulement il y a un mois, la possibilité de la victoire ; qu'on s'attendait à évacuer Venise, que rien n'était prêt ; qu'on désespérait du succès à mesure qu'on était plus au fait des hommes et des affaires, et qu'un grand personnage de Vienne, membre du ministère, écrivait en confidence, il y a moins de deux mois (j'ai vu la lettre) : *Nulla salus bello*. Les gazettes diront ce qu'elles voudront, mais je sais que personne ne doit être plus surpris du succès des Impériaux, que le général Kray qui en est le principal instrument » (1).

C'était le beau temps après la tempête ! Les troupes austro-russes reprenaient Turin le 26 mai 1799.

Le 28 juin (2), l'esprit soulagé, J. de Maistre allait à Padoue pour assister au débarquement de 4.000 cosaques. Attitude bien romantique déjà : parce qu'il avait le cœur en joie, la nature semblait lui sourire au cours de ce voyage. Il retrouva des yeux et il admira. Il écrivait : « Les bords de la Brenta sont extrêmement agréables. On voit à droite et à gauche de fort beaux palais. En général, jusque dans la façade d'une bicoque, on sent l'architecture. »

A Florence, il rencontra la reine et le roi de Sardaigne (18 octobre). Il fut présenté à Alfieri, « l'un des ornements de l'Italie » ; il obtint pour un de ses frères une mission de confiance. C'était la fortune ! Son lyrisme déborde : « 21 et 22 octobre. — J'ai vu et revu la *Gallerie*. Quel plaisir ! quel enthousiasme ! de quelle satisfaction je me sentais pénétré en voyant qu'il existe encore en Italie un heureux coin de terre que la main sacrilège des Vandales parisiens n'a pas encore ravagé et profané ! »

(1) J. de Maistre : *Les Carnets* ; op. cit., p. 134.
(2) Voir *Les Carnets*, p. 135 et suiv.

Le 27, le Roi lui accorda la croix de St Maurice. Le 28, il commence à la porter.

Il déborde à nouveau d'enthousiasme : « 29 octobre : J'ai revu la *Gallerie* avec M. le chevalier Pucini, directeur de ce bel établissement ; son enthousiasme raisonné m'a également instruit et amusé.» — «4: J'ai vu la bibliothèque de l'église de St-Laurent. La chapelle des Médicis, quoique non finie, passe en magnificence ce que les plus grands monarques possèdent en ce genre ; la bibliothèque est encore unique en son genre, une bibliothèque de manuscrits ne se voit nulle part hors de Florence. J'ai vu avec un plaisir inexprimable des manuscrits autographes de Pétrarque, de Sannazar, de Machiavel. »

Quel dommage ! Ce nouveau décoré nous fait l'effet d'un nouveau riche ! Il parle de l'éclat de l'or de la chapelle Médicis et pas un mot sur la vieille sacristie où se trouvent les fameux tombeaux de Michel-Ange ! Oh ! fortune qui aveugle !

CHAPITRE II

Séjour à Cagliari

Dans l'Ile de Sardaigne, J. de Maistre passa trois ans (janvier 1800-janvier 1803), en qualité de Régent de la Chancellerie, c'est-à-dire chef des services judiciaires, connaissant des affaires civiles, criminelles et de droit maritime. Mais la résistance de Masséna à Gênes, puis la victoire de Bonaparte devenu consul, à Marengo (14 juin 1800), ne tardèrent pas à rendre l'Italie aux Français qui réoccupèrent le Piémont et Turin. Charles-Emmanuel ayant perdu ses possessions sur le continent, se réfugia à Rome encore état pontifical. A la suite de ces événements, J. de Maistre, passé dans l'Ile de Sardaigne, devint le chef de l'unique Cour de justice où l'on rendit le droit au nom de son souverain.

Le plus souvent les historiens passent presque sous silence ce séjour de J. de Maistre à Cagliari. Nous croyons, au contraire, que ce séjour mérite plus qu'une brève mention.

Le grand chef de la justice de Charles-Emmanuel IV nous y apparaît en effet sous un jour particulièrement heureux et le philosophe, qui a soulevé les protestations avec les haines d'une partie de l'opinion au XIXe siècle, se révèle à nous comme un magistrat scrupuleux et indépendant. De telles qualités ne furent jamais d'un mince mérite.

*
* *

La population de l'Ile de Sardaigne était peu attachée à la cause de ses rois. De plus, accessible à la propagande des ennemis de la Maison de Savoie, au premier rang desquels il fallait mettre les Français, elle se laissait aller volontiers à comploter contre la sûreté de l'Etat. D'autre part, les Anglais, alliés du roi de Sardaigne, se comportaient, dans les ports de cette île, comme s'ils avaient été en pays conquis. Ils rossaient les gardes du roi qui osaient leur demander des comptes et empêcher la contrebande à laquelle ils se livraient. Ils imposaient de force des réquisitions de vivres pour leurs navires. Leurs corsaires n'hésitaient pas à poursuivre et à saisir les bateaux des nations étrangères, qui se réfugiaient dans les ports de l'Ile de Sardaigne.

Tout cela était fait pour créer au chef de la justice royale dans l'Ile de Sardaigne de multiples soucis.

*
* *

Le vice-roi de l'Ile était le duc de Genevois, un des frères de Charles-Emmanuel IV. Doppet, un révolutionnaire savoyard, qui l'avait connu à Turin, avait écrit de lui en 1791 que ce prince « était alerte et gai, mais très ignorant » (1). Il n'est pas douteux que ce duc aurait voulu que la justice criminelle dans l'Ile fût expéditive et sommaire. Or, nous savons que J. de Maistre détestait la pratique des cours martiales, et le pouvoir de police des *majors de place*. Il avait dénoncé dans ses *Lettres d'un royaliste savoisien* les pouvoirs de police accordés à l'armée, comme une source d'arbitraire, une cause de désaffection des sujets

(1) Amédée Doppet : *Etat moral, physique et politique de la Maison de Savoie* ; 1 vol., Paris, 1791, p. 197.

à l'égard de leur roi, un empiétement dangereux pour le pouvoir royal lui-même.

*
* *

Quand il fut grand justicier, J. de Maistre s'opposa à ce que l'on transgressa les règles établies par les *Royales Constitutions*. Il voulut des dossiers bien constitués et qu'aucune décision ne fût rendue que sur des preuves apportées par une instruction minutieuse. Cette méthode ne plut pas au duc de Genevois et à son entourage. Il y eut dans maintes affaires des conflits graves. Le duc demanda même le rappel de J. de Maistre, mais ne l'obtint pas.

Pour l'éloge de J. de Maistre grand justicier, les archives d'Etat de Cagliari conservent des dossiers fort édifiants (1). Voici quelques exemples : Dans la grosse affaire du complot pour haute trahison du tribun Vincent Salis, J. de Maistre refusa d'inculper, comme complice, le notaire Jean Salis. Il le fit élargir. De même, après étude des pièces, il fit remettre en liberté le professeur de droit Louis Liberti. Il écrivit au roi un *Mémoire* pour le laver de tout soupçon et le remettre en grâce.

Les registres judiciaires de cette époque montrent, d'autre part, qu'il visitait très souvent les prisons, interrogeait longuement les prisonniers avant de donner au roi son avis sur la possibilité de leur accorder leur grâce ou une remise de peine.

Si, plus tard, J. de Maistre s'exprime toujours avec aigreur sur les Sardes et le séjour qu'il avait fait dans l'Ile de Sardaigne, c'est qu'il craignait d'avoir eu des faiblesses coupables envers le pouvoir et d'avoir condamné peut-être des innocents ? Témoin cette admirable lettre, une des plus belles pages de la littérature judiciaire, qu'il adressait au chevalier Rossi cinq ans après avoir quitté Cagliari : « En feuilletant, l'autre jour, mes paperasses, j'ai trouvé le jugement que nous rendîmes à Cagliari, le 30 septembre 1801, contre le sens commun et contre les conjurés Padda et compagnie. Dites-moi, je vous en prie, M. le Chevalier, si cela ne vous empêche point de dormir. Pour moi, je vous l'avoue, à 80 lieues de distance, j'en suis souvent troublé, quand je me rappelle cette monstrueuse procédure et tout

(1) Voir l'ouvrage du Dr Guido Giacomelli : *Giuseppe de Maistre in Sardegna*, cité par Fr. Descostes ; *Joseph de Maistre inconnu* (*Venise-Cagliari-Rome*), dans *Correspondant*, 76e année.

ce qui s'est passé à cet égard. J'en veux mortellement à la Sardaigne, parce qu'elle m'a fait connaître le remords ou, du moins, quelque chose qui y ressemble fort. Tandis que vous m'accusez peut-être d'avoir été un peu téméraire dans telle ou telle occasion, je m'accuse, moi, de n'avoir pas cassé les vitres. Je crains d'être tâché de sang et cette idée me persécute sans cesse. Jamais je ne serai tranquille sur ce point » (1).

*
* *

A un certain point de vue cependant son séjour de trois ans dans l'Ile de Sardaigne fut heureux pour J. de Maistre. En sa qualité de Régent de la Chancellerie, il recevait 20.000 livres. Grâce à ce traitement enviable dans cette époque de misère du Trésor royal, il put payer ses dettes et économiser 10.000 livres. C'était, pour un émigré, presque la fortune.

Du reste, comme toujours, J. de Maistre resta à Cagliari très soucieux de ses intérêts personnels et de ceux de sa famille. Il n'oubliait pas ses biens confisqués en Savoie. Aussi quand, en 1802, après le traité de Londres, les Français, dans leur joie d'avoir peut-être retrouvé la paix extérieure et la tranquillité intérieure, acceptèrent l'amnistie de l'an X pour les Emigrés, voulut-il profiter de ces circonstances favorables afin d'essayer de récupérer partie de ces biens.

Ce fut d'abord son frère Nicolas qui retourna à Chambéry pour se marier et vivre en gentilhomme campagnard. Puis ce fut Mme de Maistre et ses deux enfants. Il fallait bien parer, dans la mesure du possible, à l'orage qui grondait à nouveau et menaçait le Régent de la Chancellerie. Il était nécessaire de prévoir. En effet, la reine, Clotilde de France, protectrice de J. de Maistre, venait de mourir à l'improviste, le 7 mars 1802, après une maladie de six jours. Les *Carnets* soulignent : « Cette mort doit avoir pour nous des suites politiques. » Le 4 juin suivant, Charles-Emmanuel IV abdiqua... C'était un ordre nouveau qui commençait... Est-ce que J. de Maistre, privé de ses appuis royaux, allait pouvoir conserver son poste de Régent ? Il en douta. Il songea, comme en toute circonstance, d'abord aux siens. Il renvoya son frère, sa femme, ses enfants en Savoie pour

---

(1) F. Vermale : *Joseph de Maistre inconnu ; op. cit.*, p. 58.

essayer d'y trouver au moins un abri contre l'orage qui pouvait fondre. Le jour de la séparation il inscrivit dans ses *Carnets* : « Depuis le commencement de la Révolution, je ne me rappelle pas d'avoir éprouvé un moment si amer. »

Quant à lui, il resta à Cagliari en attendant les événements. Alors que, pour échapper à l'angoisse, il cherchait, selon son habitude, un dérivatif dans le travail intellectuel et se livrait à l'étude de l'hébreu sous la direction d'un Père Dominicain, la fortune lui redevint favorable.

Bonaparte, par un arrêté de l'an X, ayant imposé aux nobles piémontais absents de rentrer en Piémont sous peine de confiscation de leurs biens, eux, si jaloux des places à la Cour, ne se sacrifièrent pas, comme les nobles savoisiens en 1792, à la cause de la fidélité à leur roi. Ils rentrèrent en masse. La Cour du nouveau roi Victor-Emmanuel Ier fut réduite à 5 à 6 personnes. Les postes éminents de l'Etat devinrent vacants. Dans ce désarroi, J. de Maistre fut appelé à remplacer l'ambassadeur le plus important, avec celui de Londres, de la Maison de Savoie. Les *Carnets* portent : « 23 octobre. Une lettre de Rome du 7 septembre m'apprend que le Roi m'a destiné à la mission de Pétersbourg : grande et inattendue nouveauté qui, suivant les apparences, m'ôte pour toujours à la magistrature, et doit absolument changer mon sort. Si l'impitoyable loi française contre les Piémontais n'avait pas forcé le comte de Vallaise à quitter son poste, je n'aurais pas cette bonne fortune ! C'est toujours ma devise : *Inimicis juvantibus.* »

CHAPITRE III

Départ pour Rome

Les *Carnets* nous apprennent que J. de Maistre se mit en route pour la Russie, le vendredi 11 février 1803. Il s'embarqua pour Naples à Cagliari. Au cours de la traversée les noms des îles italiennes de Ponza, d'Ischia, de Caprée réveillèrent en lui « mille idées poétiques. » Cependant il éprouva une tempête et ne put débarquer à Naples que le 16 février.

Le 19, J. de Maistre dit son admiration pour le sculpteur Casanova, alors en pleine vogue. Décidément, il affecte, dans la querelle entre les anciens et les modernes, un parti-pris décidé pour les modernes, du moins en sculpture. « 19 : J'ai vu la Vénus et l'Adonis de Casanova dans le jardin du marquis Béria. Ce Casanova est ennemi de l'antique, puisqu'il l'a vaincu ; disons si l'on veut *combattu.* Quel inimitable talent ! Quelle grâce ! Quelle vie ! *Vivos ducit de marmore vultus.* »

Une simple restriction : Le 20, il trouve que les modernes sont inférieurs dans l'art des inscriptions qu'ils gravent sur les monuments ou les statues. Ils ne savent plus les composer avec goût. « Les modernes ont trop souvent le défaut d'exprimer les grandes choses par de grands mots, ce qui est une faute capitale contre le goût. » Un peu plus loin, il reconnaît que dans ce genre « la bouffissure moderne n'est pas bonne ».

Le 20 encore, il affirme à nouveau ses préférences pour la sculpture moderne à propos du Taureau Farnèse. « On serait tenté de croire, sur ce mouvement et sur quelques autres, que les anciens n'exprimaient pas les animaux aussi bien que nous ; du moins pour les gros animaux. Ces réflexions me reviendront un jour, lorsque je verrai le cheval de Marc-Aurèle. »

Après avoir visité Pompéï et Herculanum, il s'arrête, le 25, à la Chartreuse et au château de St-Elme d'où l'on découvre la baie de Naples. « C'est sur la terrasse de cette maison religieuse, c'est de l'appartement du Prieur qu'on peut contester à J.-J. Rousseau son assertion : *que les environs du lac de Genève forment le plus beau paysage que l'œil humain puisse contempler.* » J. de Maistre n'ose se prononcer. Il aime beaucoup ce paysage du lac de Genève au bord duquel son ami Costa de Beauregard avait un château. Il l'a souvent admiré. C'est son lac... Littérature du Nord, littérature du Midi, paysages du Nord, paysages du Midi, lacs du Nord, flots de la Méditerranée, il est indécis, son romantisme hésite. Il conclut par une conciliation : « J'ai vu quelques paysages dans ma vie : entre le point de vue de la terrasse des Chartreux de Naples et celui des *Eaux-Vives*, près de Genève, on peut balancer, mais je n'en ai jamais vu qu'on puisse leur comparer. »

J. de Maistre quitte Naples pour Rome. Il passe par Capoue, Gaëte dont le golfe est toujours « charmant et la situation délicieuse ». Il constate que les auberges, sur ce trajet tant vanté par les Anciens, sont infâmes. Il arrive à Rome le 2 mars, à 2 h. 1/2 de l'après-midi. Dix jours après, il était présenté au Pape. Il assiste à une messe au Vatican. Quinze ans plus tard, il écrira dans une lettre à un de ses amis visitant Rome : « Que ne donnerais-je pas pour avoir parcouru Rome avec vous ! J'espère que le spectacle principal qu'elle présente ne vous aura pas échappé : c'est celui du génie antique et du génie moderne qui se rencontrent dans cette ville unique, et qui se prennent pour ainsi dire au *collet*, sous l'œil de l'observateur. Rien ne m'a plus frappé, rien ne m'a plus intéressé que ces contrastes. » J. de Maistre, en 1803, en fut interloqué. Après avoir été depuis Naples partisan presque exclusif du moderne, il suspendit son jugement. Il ne dit rien sur les sculptures du Bernin ou de Casanova, rien sur les musées du Vatican... Il se borne à cet éloge : « Il faut faire un livre sur Rome ou n'en pas parler. » Il a été évidemment ébranlé en faveur de la sculpture antique. Cependant, un mois après, arrivant à St-Pétersbourg, il manifeste à nouveau son enthousiasme pour les modernes : « Je n'ai pas voulu tarder plus longtemps de voir la statue de Pierre le Grand. Pour mon compte, je la préfère beaucoup à celle de Marc-Aurèle (je parle surtout du cheval). On dit qu'un artiste, après avoir considéré quelque temps en silence la première, s'écria : « Marche ! » Pour moi, je dis volontiers à l'autre : « Saute ! » Honneur à l'antique, mais sans fanatisme et sans injustice. » Il reconnaissait donc que la sculpture antique n'avait pas été vaincue par les modernes, comme il l'admettait en débarquant à Naples.

*
* *

En 1804, il écrira sur son séjour à Rome, à la comtesse Trissino de Salvi à Vienne, cette lettre : « Je ne trouve pas dans ma mémoire de souvenir plus agréable que celui des politesses dont vous m'avez comblé à Rome. C'est par vous, Madame, que je ne m'y suis point trouvé étranger. Votre idée se mêle bien justement à celle des chefs-d'œuvre que nous avons visités ensemble ; et lorsque je pense à la Villa Borghèse, je vois toujours à côté de chaque statue la figure de mon aimable introductrice » (1).

(1) Edit. Vitte, t. IX, p. 509-10.

LIVRE V

J. de Maistre en Russie

(1803-1817)

CHAPITRE I

La leçon au Tzar

Sous l'ancien régime, le titre d'ambassadeur ou d'envoyé extraordinaire était toujours lié à l'idée de faste, d'apparat, de luxe. J. de Maistre partant pour la Russie n'avait aucune de ces apparences d'autrefois. Son Roi, auquel la Révolution triomphante n'avait laissé la possession que de la petite île de Sardaigne, était un roi presque sans couronne et presque sans revenus. Dans cette détresse, le plus clair des ressources de Victor-Emmanuel Ier consistait dans l'argent qui parvenait de Londres et surtout de St-Pétersbourg. Si J. de Maistre était envoyé en Russie, ce n'était pas pour faire de la grande politique, mais pour tâcher de soutirer au Trésor russe quelque argent. Subsidiairement, il devait assurer l'intervention du Tzar afin qu'une compensation sur le continent fut accordée au roi de Sardaigne, pour la perte de ses provinces du Piémont. Victor-Emmanuel se serait fort accommodé du territoire de la république de Gênes. Mais il fallait d'abord vivre. Le principal dans cette mission était d'obtenir la continuation du subside moscovite.

Le chargé de mission extraordinaire, il n'avait pas le titre d'ambassadeur, se mit donc modestement en route. Il partit sans secrétaire, rien qu'avec un domestique. Le Roi lui avait donné une de ses voitures. J. de Maistre s'était habillé à ses frais. Tandis qu'il servirait en Russie, Victor-Emmanuel s'était engagé à assurer une pension à Mme de Maistre, qui, avec ses enfants, résiderait soit à Turin, soit en Savoie. Quant à lui, il devait vivre d'abord avec les 5.303 livres de son bien qu'il emportait avec lui. Le 10 mars 1803, J. de Maistre écrivait à sa fille Adèle : « Le Roi est dans des circonstances bien difficiles ; mais il fait pour moi et ma famille tout ce qu'il peut faire : ainsi nous n'avons qu'à remercier et attendre en paix l'avenir. Je me garde bien de te dire que je suis *content* ou du moins *heureux*, malgré ma destination si brillante. Pour être heureux, il faudrait que ma famille fût autour de moi ; mais c'est précisément cette tendresse qui me donne des forces pour m'éloigner de vous. C'est pour vous que je me passe de vous » (1).

Parti le 20 avril 1803 de Rome où Victor-Emmanuel résidait, J. de Maistre arriva, après s'être arrêté à Vienne, le 1er mai à St-Pétersbourg. Il lui restait 5.134 livres en poche. Le 5, il avait sa première audience avec le comte Woronzow, chancelier de l'Empire ; le 9, avec le prince Czartoriski, adjoint au chancelier. Le 14, il était présenté à l'Empereur et à l'Impératrice. Le 17, à S. M. l'Impératrice-mère et aux deux archiduchesses. Enorgueilli, J. de Maistre marquait sur ses *Carnets :* « En moins de trois mois, j'ai été présenté au Pape, à l'Empereur d'Allemagne et à l'Empereur de Russie. C'est beaucoup pour un Allobroge, qui devait mourir, attaché à son *rocher*, comme une *huître.* »

Le 26 juin 1803 (2), J. de Maistre assiste pour la première fois à un dîner diplomatique. Ce fut chez le comte de Stedding, ambassadeur de Suède, avec qui « il eut une conversation très intéressante sur les affaires du roi et sur sa propre position ». La Suède, par son roi, était le champion le plus fidèle de la cause des monarques dépossédés. Le lendemain, il revoyait le prince Czartoriski qui, le 4 août, l'appelait en audience particulière dans laquelle, pour la première fois, il dit « des choses très flatteuses sur le compte de S. M. le Roi de Sardaigne et sur celui de son Envoyé extraordinaire ».

Ces premiers mois de Pétersbourg, J. de Maistre les passa dans la compagnie de son frère Xavier (3). Celui-ci avait eu des aventures extraordinaires. Envoyé en mission par l'état-major sarde près l'armée du général Souvaroff, il avait suivi la dite armée retournant en Russie, et ce, sans l'autorisation de son Roi. Sur quoi il fut traité de déserteur dans l'entourage du roi de Sardaigne. Après la disgrâce de Souvaroff, Xavier s'était trouvé sans emploi et sans ressource ; alors il s'était mis à peindre des portraits à l'huile. Il n'avait pas tardé à devenir un peintre à la mode. Depuis, il vivait à Moscou, sous la protection de la princesse Anna-Pétrowna Schakowskoï, gagnant une moyenne de 5 louis par jour, et menant grand train.

*
* *

---

(1) J. de Maistre. Edit. Vitte, t. IX, p. 111.
(2) D'après *Les Carnets ;* op. cit., p. 160 et suiv.
(3) Berthier : *Xavier de Maistre ;* 1 vol., Lyon, 1920.

Dès le mois de décembre 1803, J. de Maistre intervenait auprès de M. le comte de Goltz, ambassadeur de Prusse à St-Pétersbourg, afin d'obtenir un subside de Berlin pour Victor-Emmanuel. Dans ce même mois, il entrait en conversation diplomatique avec l'ambassadeur d'Angleterre. Il était, de plus, reçu officiellement par l'Empereur et l'Impératrice de Russie.

Très rapidement donc, J. de Maistre s'était, comme nous dirions aujourd'hui, débrouillé. Il avait été aidé beaucoup à ce point de vue par le duc de Serra Capriola, ambassadeur des Bourbons de Naples en Russie, lequel avait, par son mariage avec une princesse russe, une grosse situation à Pétersbourg. Mais cela n'aurait pas suffi. Appliquant une méthode qu'il avait déjà employée à Lausanne où il était devenu intime avec M. de Trevor, l'ambassadeur anglais à Turin, comme avec M. Wickam, l'ambassadeur anglais à Berne, il n'eut à Pétersbourg de cesse, avant qu'il ne soit rentré dans l'intimité de l'ambassadeur anglais. En juillet 1804, nous trouvons J. de Maistre installé à la campagne chez sir Waren, qui avait un domaine sur la route de Cronstadt (1).

Comment J. de Maistre était-il arrivé à un tel résultat ? Il ne l'avait pu ni par le faste, ni par la religion, ni par les bons dîners, étant donné l'impossibilité absolue où il était de ne vivre autrement qu'en pratiquant la plus stricte économie. Fin psychologue, J. de Maistre, qui pratiquait cette galanterie dont pouvait se targuer « tout homme comme il faut qui avait appris le français il y avait plus de vingt ans » (2), démêla que le véritable ambassadeur n'était pas cet amiral anglais, mais sa femme. Il démêla encore que Milady, comme il l'appelait, avait une âme froissée et dolente, qu'elle n'était pas heureuse. Il ne tarda pas à se poser en *sigisbée*.

Lorsqu'en août 1804, sir Waren fut rappelé à Londres, J. de Maistre écrira : « Son départ est une très grande perte pour moi. C'est une excellente maison qui m'était ouverte et qui se ferme pour moi. Ses bons offices, son amitié et celle de Milady, m'ont été ici fort utiles d'une manière indirecte, car tout se tient dans le monde. C'est à cette dame, par exemple, que je dois la connaissance du Ministre de la

(1) *Les Carnets*, p. 166.
(2) J. de Maistre. Edit. Vitte, t. XI, p. 477.

Marine, M. l'amiral Tchitchagof... *Milady en parlant me fait héritier de ses livres. Je la regrette plus que je ne puis vous le dire. Elle a 42 ans* » (1).

Chez l'ambassadeur anglais, en effet, fréquentait de façon suivie l'amiral Tchitchagof, familier du tzar et fils d'un amiral russe célèbre au temps de Catherine II. Tchitchagof avait été élevé en Angleterre et avait épousé la fille d'un amiral anglais. Quand le couple Waren se fut éloigné de Pétersbourg, c'est sur la maison Tchitchagof que J. de Maistre dirigea son emprise. De Mme Tchitchagof, il écrira : « Elle a de l'esprit, du sens, de l'instruction, de la morale surtout et c'est une excellente épouse comme toutes les Anglaises, quand elles s'en mêlent. » Comme Tchitchagof aimait sa femme éperdument, J. de Maistre confesse qu'il lui a fait sa cour avec assez d'assiduité. Il réussit au point « d'y souper tous les dimanches. C'est le jour de la Bible, où les Anglaises ne reçoivent pas les parents ni les amis ». « Souvent, rapporte-t-il, je me suis trouvé en tête à tête lorsque le ministre est absent. Elle a l'air d'une colombe et je ne connais rien de si fin et de si décidé et de si difficile à saisir » (2).

Quoi qu'il en soit, J. de Maistre avait raison d'écrire, dès avril 1804 : « J'ai quelques bons amis. » Aussi fit-il savoir à Rome que Victor-Emmanuel était trop éloigné de ce milieu russe pour lui donner des directives. Il revendiquait pour lui toutes les responsabilités de la politique qu'il pratiquait : « Un chasseur qui écrirait chez lui pour savoir s'il faut tirer le gibier qui passe à tire d'aile, serait moins risible que moi si j'attendais, pour présenter mes notes, des instructions de Rome ou de Londres. »

*
* *

Quand J. de Maistre arriva en Russie, il avait 50 ans. Alexandre Ier n'en avait que 26 (3). Ce jeune Tzar, d'allure simple et d'abord affable, arrêta un jour J. de Maistre dans la rue, pour lui demander de ses nouvelles et le complimenter sur son acclimatation rapide. A ce geste, il est facile de juger du goût démocratique de cet autocrate, qui affectait d'ailleurs de poser au républicain plutôt qu'à l'Empereur,

(1) J. de Maistre. Edit. Vitte, t. IX, p. 216.
(2) Edit. Vitte, t. XI, p. 117.
(3) R. Waliszewski : *Le Règne d'Alexandre Ier* ; 3 vol., Paris, 1923.

et dont l'ambition secrète était, à certains jours, de ressembler à un Président de la République des États-Unis. Cette mentalité républicaine, il la devait au colonel suisse La Harpe, qui avait été son précepteur. Si, plus tard, Alexandre accentua ses tendances au soupçon et à la fourberie, au début de son règne il donnait l'impression d'être confiant. C'était une séduction de plus ajoutée aux qualités de séduction naturelle qu'il avait en lui. Il était beau physiquement, et sa jeunesse conquérait les cœurs. L' « Ange du Nord », comme on a appelé Alexandre, séduisit littéralement J. de Maistre et dissipa ses appréhensions premières à l'égard de cet Empereur qui devait sa couronne à un crime de palais, presque à un parricide.

En Russie, J. de Maistre avait été précédé par la réputation d'écrivain politique qu'il avait acquise depuis le succès des *Considérations sur la France*. Le premier, du côté des émigrés, il avait osé montrer la force de la Révolution, et cependant affirmer que cette force ne construirait rien de stable. La Révolution serait un jour vaincue, mais quand ? Les victoires de Souvaroff avaient jeté sur les armées russes un lustre considérable. Grâce à elles, pour la première fois, les généraux français avaient connu la défaite et la nécessité de reculer. La force russe était une force immense, c'est elle qui devait fatalement l'emporter. J. de Maistre, en 1803, ne doutait pas de sa victoire. Il fit crédit à la jeunesse du tzar et de ses jeunes conseillers. Avec eux, il se déclara *Européen*, se grisa d'optimisme et travailla au plan *secrétissime* de reconstruction de l'Europe élaboré par le prince Czartoriski, chancelier *secret* de l'Empire. Il ne tarda pas d'ailleurs à s'apercevoir que le cabinet noir de la chancellerie russe était particulièrement friand de la lecture de lettres qu'il adressait soit au roi de Sardaigne, soit au chevalier Rossi, son secrétaire d'Etat. J. de Maistre ne changea pas son *chiffre* qu'il savait connu. Il trouva que c'était une voie commode de faire parvenir ses conseils approbatifs ou critiques jusqu'à son grand ami Alexandre. De cette méthode, il en usera de façon constante au cours des années difficiles, de 1805 à 1814. En sorte que la plus grande partie de la *correspondance diplomatique* de J. de Maistre, dans laquelle il disserte sur les événements politiques, constitue une sorte de chronique russe à l'usage de la chancellerie de Pétersbourg et du Tzar. Ces lettres sont comme les premiers « Paris » de nos journaux actuels. C'est dans cet esprit qu'il faut les lire. C'est ce qui en fait le prodigieux et palpitant intérêt. C'est, au jour le jour, la leçon à Télémaque... Ce procédé, il en avait déjà usé à l'égard de la chancellerie de Turin, lors de son séjour à Lausanne. Le prince de Piémont aimait lire ses lettres-chroniques et nous savons que, devenu roi, ce prince appela auprès de lui son chroniqueur de Lausanne. Il y avait longtemps que son ami Vignet des Etoles avait découvert sa vocation de *gazetier*, nous dirions aujourd'hui de *journaliste.*

*
* *

Les premiers conseils, J. de Maistre les envoya en 1804 lorsque Bonaparte fut nommé Empereur des Français. La demande d'avis vint de l'entourage des *Triumvirs*, c'est-à-dire des amis de jeunesse dont Alexandre Ier avait fait les conseillers secrets de son gouvernement. Ce fut dans le salon du duc Serra Capriola, l'ambassadeur des Bourbons de Naples, que J. de Maistre débuta dans son rôle de *Mentor.* Si J. de Maistre ne consentit pas, pour cette fois, à écrire un *Mémoire* à l'usage du Tzar, il développa amplement ses vues dans ses lettres au chevalier Rossi qui, nous le répétons, étaient lues par le cabinet noir russe. Grâce à ces lettres, nous pouvons connaître le sens de l'avis oral que J. de Maistre donna au Tzar.

*
* *

Pour le ministre de Sardaigne, les Bourbons de France ne sont pas capables de rétablir eux-mêmes leur puissance. Ils n'ont pas la main assez ferme et assez dure pour exécuter cet ouvrage. Ce sera l'œuvre d'un usurpateur de génie : « Laissez faire Napoléon, laissez-le frapper les Français avec une verge de fer, laissez-le emprisonner, fusiller, déporter tout ce qui lui fait ombrage. » Laissez-le rétablir la noblesse, détruire la République, détruire l'égalité. Ce faisant, il travaille pour le retour des Bourbons. Ce sera sa *mission.* Sa conclusion est très ferme : Bonaparte n'est qu'un champignon impérial, il ne peut durer, et J. de Maistre le démontre en se basant sur les données d'une politique qu'il appelle *expérimentale*, parce qu'elle est basée sur l'étude de l'histoire. Il n'y a pas, en effet, d'exemple historique qu'un simple particulier, monté au rang suprême, ait commencé une dynastie royale. Charlemagne était Pépin ; Hugues Capet, qui remplaça les Carolingiens, était duc de

Paris. Les Stuart furent renversés par un prince. Cromwell, qui était dans le cas de Napoléon, n'a pas fondé une race. Il en sera de même de Bonaparte. C'était là des vues originales et nouvelles. J. de Maistre croyait que le monde politique et social était régi par des lois comme le monde physique. Cette conception, Auguste Comte devait la vulgariser au XIXe siècle.

La proclamation de l'Empire français est donc pour J. de Maistre un événement capital. Elle marque l'arrêt de la Révolution, c'est-à-dire de l'esprit de révolte contre les souverains. Mais l'Empire, ce n'est pas la paix. Ce pourrait bien être, au contraire, le commencement de l'*Ere de Tamerlan*, c'est-à-dire le déchaînement de l'esprit de conquête. L'ordre des souverainetés européennes risque d'être bouleversé encore davantage. Le problème pour la Russie reste le même. Si elle veut rétablir l'équilibre européen, elle doit se préparer à la guerre.

*
* *

Les conseils de J. de Maistre eurent un grand succès dans l'entourage d'Alexandre Ier. Dès la fin de l'année 1804, il fréquente chez deux des triumvirs, le comte Kotchubey et le comte Strogonof ; de plus, il est lié intimement avec l'amiral Tchitchagof, ministre de la marine. « Toutes ces connaissances, comme il l'écrivait, sont fort essentielles, parce qu'en leur parlant, c'est comme si je parlais plus haut. » La faveur dont jouit J. de Maistre fut rapidement si marquée, qu'il ne tarda pas à être admis dans le *secret du Tzar* parmi les diplomates employés de façon occulte. Le 11 janvier 1805, J. de Maistre l'avoue par une des notes de ses *Carnets* : « Mon *Mémoire* politique sur l'Italie, la maison d'Autriche, celle de Savoie, etc., *a été communiqué par une main amie, hors la voie officielle.* » J. de Maistre en tire quelque vanité ; aussi note-t-il : « Janvier 1805. — Epoque remarquable de ma vie. »

Le Tzar remercia J. de Maistre de sa collaboration secrète, en nommant Xavier de Maistre au grade de lieutenant-colonel dans l'armée russe, avec le poste de directeur de tous les établissements scientifiques dépendant de l'amirauté russe. Pour lui prouver encore sa satisfaction, il accorda des gratifications aux officiers piémontais entrés au service de la Russie.

*
* *

Dans le *Mémoire* (1) sur l'Italie, l'Autriche, etc., que J. de Maistre venait de communiquer, il démontrait que la guerre contre la France s'imposait au nom de l'équilibre européen. Mais cette guerre ne devait avoir qu'un but : contraindre la France à rentrer dans ses anciennes limites territoriales. L'erreur des précédentes coalitions européennes contre la Révolution avait été d'avoir voulu démembrer la France. Or cette nation, comme toutes les nations chrétiennes, a droit à l'existence ; vouloir la détruire est contraire à l'ordre européen, c'est-à-dire chrétien. Les nouveaux coalisés devront prendre comme exemple Guillaume d'Orange dans sa lutte contre Louis XIV, et subir la direction de la Russie. Seul cet Empire est assez désintéressé pour reconstruire l'Europe. L'Autriche est trop perfide, trop égoïste, trop avide d'agrandissements pour assumer la direction de la coalition nouvelle. Elle n'a cessé depuis 1792 de trahir l'Europe. La Russie, comme elle l'avait démontré déjà avec Paul Ier et Souvaroff, était seule capable de vues nobles et élevées en politique.

Cette haine de l'Autriche fit particulièrement apprécier J. de Maistre par le prince Czartoriski, le triumvir le plus influent de l'entourage d'Alexandre Ier.

Quant au rôle d'arbitre justicier entre les souverainetés européennes, le chevalier du droit et de la paix que J. de Maistre réservait au Tzar, il était fait pour plaire à l'imagination d'Alexandre Ier. Quand en 1814-15 il se complut dans ce rôle avec faste, le Tzar ne réalisait en somme qu'un rêve de jeunesse ! En attendant, dans son *Mémoire*, J. de Maistre savait habilement griser le jeune Alexandre à l'aide de comparaisons historiques flatteuses.

A la veille d'Austerlitz, il n'hésitait pas à écrire : « L'excellent Alexandre fait mouvoir 200.000 hommes, il marche lui-même au premier jour. Ses flottes contiennent ses opérations de terre, il réunit les volontés divergentes, il se rend le *Godefroy de cette nouvelle croisade*. Tout cœur européen doit un hommage d'admiration, de tendresse et de reconnaissance à ce jeune souverain, l'exemple et le défenseur de tous les autres » (2).

*
* *

(1) Edit. Vitte, t. IX, p. 48 et suiv.
(2) Edit. Vitte, t. IX, p. 464.

La première rencontre sur un champ de bataille entre Napoléon et Alexandre fut pour ce dernier un désastre : ce fut Austerlitz. Le Godefroy de Bouillon de cette nouvelle croisade y perdit tout prestige militaire. Le jour d'Austerlitz, Alexandre et son entourage, trompés par un succès d'avant-garde qu'ils avaient obtenu la veille, crurent que Napoléon était dans une situation aventurée. Contrairement à l'avis du maréchal Koutousoff, lequel conseillait d'attendre l'arrivée de renforts avant d'engager l'action, les Russes livrèrent combat en suivant les directives du chef d'état-major de l'armée autrichienne. Les soldats russes, qui n'avaient pas mangé depuis quarante-huit heures, se firent massacrer inutilement. Quant à Alexandre, qui commandait en personne, il fut pris de panique. C'était la première fois qu'il assistait à une vraie bataille. Jusque là, il s'était abruti, comme tout prince allemand qui se respecte, à faire manœuvrer des régiments et à passer, ce qui horripilait J. de Maistre, des revues.

Il s'était cru un foudre de guerre parce qu'il avait remporté des victoires sur le terrain truqué d'une manœuvre d'état-major. Le jour de la bataille pour de bon, il dut déchanter. Alors, affolé, il perdit tout son sang-froid et s'enfuit : « Mauvais cavalier, il fut longtemps arrêté par un fossé, et, quand il réussit à franchir cet obstacle, ses forces l'abandonnèrent. Il dut mettre pied à terre, il s'affaissa au pied d'un arbre, et se couvrant la figure avec un mouchoir, il pleura » (1). Fait plus grave encore : Alexandre Ier, avant de s'enfuir, avait donné l'ordre aux troupes russes de se retirer. La retraite devint alors déroute.

CHAPITRE II

D'Austerlitz à Wagram
(1805-1809)

J. de Maistre connut, après Austerlitz, des heures de sombre découragement. Ses rêves de triomphe de la cause européenne étaient indéfiniment ajournés. Il souffrit si

---

(1) R. Waliszewski : Op. cit., t. I, p. 175.

profondément de cette défaite russe que, dans ses *Carnets*, il s'en étonne et se pose la question : Suis-je Russe ?, comme pour se reprocher son émotivité. Cependant, il se ressaisit vite afin de rédiger un *Mémoire* de 13 pages qu'il fit parvenir en haut lieu, par l'intermédiaire du duc de Serra Capriola.

Dans ce *Mémoire* (1), J. de Maistre affirmait qu'Alexandre devait toujours être considéré comme le sauveur de l'Europe. Qu'importait une bataille perdue dans des circonstances aussi anormales ? L'honneur était sauf et les pertes en hommes n'étaient qu'une « goutte de sang pour la Russie ». L'essentiel était de maintenir la continuité des vues politiques, de continuer la guerre, mais d'adopter d'autres méthodes. Il faudra désormais faire une « guerre de Fabius », se borner pour le moment à une guerre d'usure et harceler les armées de Napoléon. Il faudra surtout songer à utiliser le roi de France pour soulever ce pays qu'excèdent les levées incessantes de conscrits. D'autre part, Russie et Angleterre devront acheter, si cela est nécessaire, la collaboration militaire de la Prusse. Quant à l'Autriche, quoique la défaite d'Austerlitz lui soit imputable, on devra ménager son amour-propre dans une certaine mesure, car l'archiduc Charles est un espoir militaire. Voilà pour la politique extérieure. Quant à la politique intérieure, Alexandre devra exercer une surveillance sévère du parti défaitiste russe, organiser des services de presse pour défendre sa réputation devant l'opinion européenne et répondre au *Moniteur* de Napoléon, lequel ne cesse de diffamer le Tzar au sujet de sa conduite à Austerlitz.

Pour remonter le moral d'Alexandre Ier et de son entourage, J. de Maistre, dans ses lettres de cette époque, rejette très astucieusement la cause de la défaite sur les Autrichiens. Dans ses *Carnets*, il inscrira : « Nous commençons à recevoir de mauvaises nouvelles d'Allemagne. Les automates autrichiens se laissent prendre comme des troupeaux de *dindons*. » Ce thème, il le développera abondamment. Il ira même, dans son austrophobie, jusqu'à se réjouir de la défaite des Autrichiens. Avec une suprême habileté, il ménage l'amour-propre impérial. Si l'Empereur a abandonné le champ de bataille à Austerlitz, la faute en est à son entourage trop jeune. Il a manqué ce jour-là au Tzar « un

---

(1) Edit. Vitte, t. X, p. 1 et suiv.

homme, une tête blanche à ses côtés » (1). J. de Maistre affirme à son Roi qu'il n'a pas la force de blâmer Alexandre Ier. « Plus âgé, plus accoutumé aux scélératesses des hommes et aux scènes de carnage, l'Empereur serait resté. Tel qu'il est, il est revenu. Que Votre Majesté daigne se représenter un souverain excessivement bon, humain et compatissant voyant la guerre pour la première fois et se trouvant au milieu de ces monceaux de cadavres ; trompé d'ailleurs dans ses espérances les plus douces et justement irrité par le spectacle de la lâcheté et de la trahison (autrichienne), je me persuade qu'elle ne sera nullement surprise de le voir partir dans le premier accès de l'indignation. » La prétérition est jolie ! Dans sa défense de l'impérial fuyard, J. de Maistre ira jusqu'à affirmer : « Le jeune et vaillant Empereur a fait dans cette grande occasion (Austerlitz) non pas seulement tout ce qu'il devait, mais peut-être plus que ne le permettait sa haute qualité. Il s'est exposé d'une manière qui nous fait encore trembler : une grenade est venue blesser un officier tout près de lui ; il s'est jeté à deux ou trois reprises au milieu des Autrichiens et n'a rien oublié pour les animer et les réunir ; mais tous ses efforts ne lui ont valu que de la gloire. Il a eu le chagrin de les voir, en un clin d'œil, jeter les armes, chapeaux, bandoulières et tendre les mains vers les Français en demandant grâce. *Il fallut céder, sans qu'on puisse dire à parler exactement que les Russes aient été vaincus* » (2).

Ces lettres, écrites pour panser l'amour-propre du Tzar, n'empêchaient pas J. de Maistre de voir clair. Après Austerlitz, ses conclusions furent formelles : la Russie manque de généraux, et son armée manque d'intendance. Le fantassin russe est excellent, mais on ne sait pas le ravitailler. Au dieu de la guerre qu'est Napoléon, la Russie ne peut opposer aucun talent militaire de premier plan. Quant à l'entourage de l'Empereur, composé de jeunes gens, il est très coupable, en particulier, d'avoir laissé fuir Alexandre Ier jusqu'à St-Pétersbourg au lieu de masquer cette fuite en l'envoyant au-devant de l'armée russe qui arrivait de Sibérie.

*
* *

(1) Edit. Vitte, t. X, p. 64.
(2) Edit. Vitte, t. X, p. 28-29.

Au cours de l'année 1806, les Triumvirs furent sacrifiés à l'opinion publique. Le prince Czartoriski dut se retirer du ministère des affaires étrangères et le comité secret formé par les Triumvirs cessa de fonctionner. Quant à J. de Maistre, son attitude après Austerlitz lui valut de la part d'Alexandre Ier une faveur insigne. Le 1er janvier 1807, J. de Maistre inscrit dans ses *Carnets*, non sans une pointe d'orgueil : « M. de Budberg (le nouveau chancelier) me dit que l'Empereur l'avait chargé de me dire qu'il agréait mon fils, non seulement sans difficultés, mais avec un grand plaisir, qu'il le faisait officier d'emblée dans le corps des chevaliers-gardes, qu'il ne pouvait lui donner un grade supérieur à celui de Cornette, puisqu'il ne traitait pas autrement ses propres chambellans, mais *que je ne devais pas être en peine d'un jeune homme qui avait Alexandre Ier pour protecteur.* »

*
* *

1807. — Nous constatons que les directives prônées par J. de Maistre dans son *Mémoire* de 1805 ont été suivies en partie par la chancellerie russe.

Le Tzar, en effet, s'est rapproché de la Prusse et l'a décidée à la guerre. En mars 1807 paraît le premier numéro du *Journal du Nord*, pour contrebattre le *Moniteur* de Napoléon. La rédaction de ce journal officiel a été confiée à deux amis de J. de Maistre, le marquis de Mesmon et le comte Jean Potoki (1).

D'autre part, J. de Maistre reçut, au début de 1807, la visite d'un des « personnages les plus influents de l'Empire ». Il eut différentes conférences avec lui sur les affaires du moment (2). Dans l'une d'elles, il fut convenu que le ministre de Sardaigne résumerait ses vues politiques dans un *Mémoire.* Dans ce document qui n'a pas encore été publié, J. de Maistre conseillait au Tzar de rester fidèle à son alliance avec Londres, et d'adopter, à l'égard de Louis XVIII, l'attitude de Louis XIV envers Jacques II d'Angleterre, réfugié à Versailles. Ces conseils eurent un résultat pratique semble-t-il. Alexandre Ier resta fidèle à l'alliance anglaise et rendit, le 3 mars 1807, visite à Louis XVIII, alors réfugié à Mittau. C'est sans doute à partir de ces événements que le

(1) Edit. Vitte, t. X, p. 334.
(2) Edit. Vitte, t. X, p. 335.

Tzar commença à considérer J. de Maistre comme un agent secret de Louis XVIII.

* * *

La nouvelle coalition qui se forma contre Napoléon aboutit une fois de plus à un échec. Ce fut Pulstuck, puis Eylau, Friedland. Le Tzar, découragé, traita à Tilsitt avec Napoléon. Il abandonna tous les coalisés et consentit à signer une alliance franco-russe.

Par un revirement subit, J. de Maistre sut maintenir, même dans cette période, la faveur impériale à son égard. Tandis que la Cour de St-Pétersbourg et le peuple russe blâmaient l'alliance avec Napoléon, il fut un des rares à approuver ce renversement de politique.

Pour faire connaître son avis au Tzar, J. de Maistre employa son moyen habituel. Il écrivit de prétendues lettres confidentielles à des amis de Russie, absents de St-Pétersbourg. « Toutes mes lettres sont lues ici, c'est comme si j'avais parlé à ceux que je ne puis aborder, avec l'apparence indispensable d'une extrême liberté. Chaque mot était pesé et j'ai refait jusqu'à trois ou quatre fois la même page. »

Dans la correspondance de J. de Maistre, nous retrouvons quelques-unes de ces lettres écrites en vue de justifier la paix de Tilsitt.

* * *

Du point de vue tiré de sa politique *métaphysique*, J. de Maistre déclare que Bonaparte n'est pas un ennemi ordinaire. Cette suite ininterrompue de succès militaires qui sont à son actif démontrent, ainsi qu'il l'affirme dans ses journaux, qu'il est « un envoyé de Dieu ». « Rien n'est plus vrai, reprend de Maistre. Bonaparte vient directement du ciel comme la foudre. » Avec Bossuet, il affirme que lorsque « Dieu veut faire voir qu'un ouvrage est tout de sa main, il réduit tout à l'impuissance et au désespoir : puis il agit ». Dieu se sert de Napoléon pour châtier l'Europe. La Prusse paye pour les vols de Frédéric II, l'Autriche pour sa stupidité égoïste et sa conduite en Italie. Il n'y a donc aucun déshonneur à traiter avec le Tamerlan moderne, puisqu'il « a plu à Dieu de lui donner la puissance » (1).

---

(1) Edit. Vitte, t. X, p. 548.

Du point de vue de sa politique *expérimentale*, J. de Maistre conseillait encore la paix. Qu'importait le renversement des alliances à Tilsitt ? La première qualité d'un politique n'est-elle pas de savoir changer d'avis devant la nécessité ? (1). Louis XIV était-il un misérable lorsqu'il signait un traité avec Cromwell ? (2). La politique ne se conduit pas par de beaux sentiments, elle n'a que trois conseillers : l'intérêt, la raison et la nécessité. « L'Empereur Alexandre Ier, en signant la paix de Tilsitt, n'a fait qu'obéir à la prudence, à son amour pour ses peuples. Ceux qui pourraient le blâmer ne savent ce qu'ils disent » (3). Les Russes n'étaient pas de taille pour continuer la lutte.

« C'est un bien de respirer à tout prix en attendant d'autres bras et d'autres têtes » (4). Les soldats d'Alexandre Ier se battaient et ils n'avaient pas d'intendance. Ils mouraient littéralement de faim à Austerlitz comme à Friedland, par suite des vols et des pillages qui étaient tolérés dans les services du ravitaillement des armées. « Dans cet abandon général, que voulez-vous que fît l'Empereur de Russie ayant contre lui le premier homme de guerre et la première nation militaire de l'univers, et manquant lui-même de tout, car il manquait d'hommes, de pain et de talents ? » Il a fallu passer sous les fourches caudines, à Tilsitt.

* * *

Cette défense du renversement des alliances plut au Tzar. Malgré que le roi de Sardaigne fût maintenant parmi ses ennemis, il lui maintint, pour ne pas contrister J. de Maistre, le subside qu'il lui accordait et qui servait à soutenir une apparence de maison royale à Cagliari. De plus, il fit savoir personnellement à J. de Maistre « qu'il était en faveur » (5). Le Tzar lui permit de demander, par l'intermédiaire de la chancellerie russe, une entrevue personnelle avec Napoléon (6). D'autre part, J. de Maistre fut reçu très souvent, pendant cette période, chez le comte Alexandre Soltikof, ministre adjoint des affaires étrangères. C'est Mme Soltikof

(1) Edit. Vitte, t. X, p. 466 ; t. XI, p. 195.
(2) Edit. Vitte, t. XI, p. 329.
(3) Edit. Vitte, t. X, p. 440.
(4) Edit. Vitte, t. X, p. 418.
(5) Edit. Vitte, t. X, p. 454.
(6) Edit. Vitte, t. X, p. 511.

qui lui dit un jour : « Les règles ne sont pas faites pour vous » (1).

***

Dès que Napoléon eut commencé à subir des échecs en Espagne, J. de Maistre aurait voulu que l'alliance franco-russe se relâcha. Il désapprouva l'entrevue d'Erfurt (1808) qui vit le renforcement de cette alliance. Il désapprouva encore la guerre que déclara Alexandre à la Suède et l'expédition russe de Finlande. Le Tzar, se sachant blâmé par J. de Maistre, n'ose plus lui parler les jours de réception à la Cour. En janvier 1809, l'ancien sénateur de Chambéry note dans ses *Carnets* : « L'Empereur parut à la Cour à côté de moi. Comme une goutte d'eau sur de la toile cirée, il *glisse*. J'attrape obligeamment : Comment ça va-t-il ? — Très bien, Sire. »

Des bruits de guerre entre la Russie et l'Autriche ayant couru en mars 1809, J. de Maistre demanda au Tzar un congé *illimité* pour son fils Rodolphe qui servait dans l'armée russe, ainsi que pour d'autres officiers piémontais. Alexandre ne voulut pas accepter les demandes. Dès le 18 juin 1809, il envoyait 5.000 roubles de gratification au jeune Rodolphe.

CHAPITRE III

J. de Maistre est naturalisé russe en 1809

Après la défaite de l'Autriche à Wagram et le mariage de Napoléon avec l'archiduchesse, J. de Maistre devint très inquiet sur sa situation à St-Pétersbourg. Il ne peut plus paraître à la Cour comme représentant officiel d'un roi ennemi. Napoléon peut, d'un moment à l'autre, exiger qu'Alexandre chasse de ses Etats un émigré français, déclaré comme tel par les lois françaises. Le roi Victor-Emmanuel Ier n'a pas eu la précaution de naturaliser J. de Maistre

(1) Edit. Vitte, t. XI, p. 76.

sujet sarde ; dès lors, il est resté citoyen allobroge, c'est-à-dire Français. « L'unique supposition qui me fait horreur telle que je n'ose pas l'envisager, c'est celle d'être rappelé avec mon fils par l'Empereur de France, étant demeuré, malgré tous mes efforts contraires, purement et simplement Français. Singulière position et que je crois unique dans l'univers : Le seul pays où j'ai le droit de cité et ma patrie, c'est celui où je ne veux pas aller et qui obéit à l'ennemi mortel de mon maître. Le pays où je n'ai ni droit, ni volonté de vivre (la Sardaigne), c'est le seul qui obéisse à mon maître. Le seul prince d'Europe qui balance un moment de me naturaliser, c'est mon maître. » D'où cette conséquence : « A présent, M. le Chevalier, supposez que Napoléon me rappelle et qu'Alexandre me dise : « Je ne puis retenir les sujets d'autrui. » Que faire ? Vous n'en savez rien, ni moi non plus, je vous le jure ; mais je me flatte que je ne serai pas mis à une épreuve dont la seule idée me fait tourner la tête. *J'ai voulu seulement vous en parler afin que vous ne puissiez en aucun cas être surpris de rien* » (1).

La surprise se produisit. J. de Maistre se décida à accepter la naturalisation russe. Ses amis le sollicitaient depuis longtemps d'entrer au service du Tzar, Il n'y avait pas consenti encore parce que son Roi ne l'avait relevé ni de son serment de fidélité, ni de sa mission. Mais le péril, après Wagram, devenait trop pressant. J. de Maistre, pour échapper au danger d'une expulsion inopinée, devint Russe. Sur cette naturalisation, aucun doute n'est permis depuis la publication de la lettre du 24 août 1813 à M. de Blacas, dans laquelle il confesse sa « qualité de sujet russe » et reconnaît qu'il a été *naturalisé* russe (2).

Le ministre de Sardaigne, dès lors, passa à la Cour de St-Pétersbourg non plus comme un personnage du corps diplomatique, mais comme un *pensionné* de l'empereur Alexandre Ier. Ce dernier, afin de ne pas froisser J. de Maistre, maintint le subside de Victor-Emmanuel Ier, malgré qu'il fût officiellement son ennemi. Par ce moyen indirect, il assura à J. de Maistre des moyens d'existence. En 1810, l'ancien sénateur de Chambéry écrira : « Il y a longtemps que vous m'avez inscrit sur la liste de ceux qui aiment le *Blondin*. Nul sentiment n'a plus d'empire sur moi que celui de la reconnaissance et qu'est-ce que je ne lui dois

(1) Edit. Vitte, t. XI, p. 436-437.
(2) Ernest Daudet : Op. cit., p. 259.

pas ! Il m'a protégé certainement plus que je ne le mérite, et probablement plus que je ne le sais. Cependant, à peine si je suis connu de lui. Les circonstances le gênent, il est embarrassé avec moi, je le sens, et si les convenances le permettaient, je disparaîtrais tout à fait de chez lui. Si quelquefois il m'adresse un mot à la volée, autre embarras. Je n'ai pas l'ouïe fine, il parle bas, la crainte de ne pas l'entendre fait que je ne l'entends pas. Il me parle choux, je lui réponds navets. D'où vient donc, je vous prie, la bienveillance dont il m'honore et dont je ne puis avoir un meilleur témoignage que vous-même, car souvent vous m'en avez assuré ? » (1).

*
* *

A partir de 1809, un changement considérable se produisit dans le gouvernement de la Russie. Jusque là, Alexandre n'avait pas voulu de premier ministre. Il avait gouverné par lui-même. A partir de 1809, le Tzar laissa jouer le rôle de premier ministre à un personnage fort curieux et non dépourvu de talents, du nom de Spéranski. Sur ce fils de pope, J. de Maistre nous donne d'amples détails.

Spéranski ne tarda pas à vouloir réaliser de vastes projets politiques. Partisan à l'extérieur de l'alliance française, il voulait doter la Russie d'une constitution modelée sur celle de la France napoléonienne. Il entendait supprimer le servage, répandre l'instruction par le développement de l'université impériale centralisée et forte du monopole de l'enseignement. Il voulait enlever à la noblesse la plupart des fonctions administratives qu'elle assurait dans les diverses provinces et confier ces postes aux docteurs et autres gradués sortis des universités. Il voulait l'émancipation des Juifs, etc., etc.

Tous ces projets soulevèrent contre Spéranski un parti puissant parmi les nobles, le parti *vieux russe*. J. de Maistre qui avait ses meilleurs amis, les Tolstoï, les Golovine, etc., dans ce parti, se rallia à lui. Le comte Rostopchine, le futur gouverneur de Moscou, prit la tête de l'opposition. Celle-ci ne tarda pas à être soutenue par l'impératrice-mère et la grande-duchesse Catherine, laquelle avait une influence marquée sur Alexandre Ier.

J. de Maistre avait rapidement démêlé que Spéranski était kantiste et républicain. Il le combattit, parce qu'il

(1) Edit. Vitte, t. XI, p. 453.

considérait qu'il allait apporter en Russie les innovations les plus dangereuses de la Révolution française. En particulier, il entreprit compagne contre lui à propos de son projet relatif au monopole de l'enseignement. Ce projet mettait en péril les établissements d'instruction que les Jésuites avaient, depuis Catherine II, dans la Pologne russe. J. de Maistre, devenu, comme nous le savons, *protecteur* des catholiques russes après la mort du chevalier d'Augard (1809), ne pouvait laisser consommer une pareille ruine. Il s'allia donc, pour assurer la défense des Jésuites, aux francs-maçons mystiques et au parti *vieux russe*, lesquels travaillaient au renversement de Spéranski.

Ce fut J. de Maistre qui résuma l'argumentation du parti vieux russe contre les projets de réformes de Spéranski, dans des *Mémoires* que le Tzar lut et qui ont été publiés, en 1851, sous le titre de *Quatre chapitres sur la Russie* (1). Dans ces *Mémoires*, il prit en outre la défense des francs-maçons mystiques ou illuminés martinistes.

Alexandre Ier, devant les bouleversements politiques et sociaux proposés par Spéranski, hésita, comme à son ordinaire. Spéranski sentit le danger et n'insista plus avec la même vigueur pour réaliser certaines réformes. J. de Maistre, qui était particulièrement lié avec le ministre de l'instruction publique, obtint contre Spéranski le renvoi du professeur Fessler, kantiste décidé, qui avait été nommé professeur au séminaire orthodoxe de Newski. Il obtint encore que, pour le programme du lycée de Tsarskoïé-Sélo, les méthodes littéraires, très en vogue chez les Jésuites, seraient préférées aux méthodes dites scientifiques prônées par les universités allemandes et Spéranski. Enfin, J. de Maistre put faire lire au Tzar un *Mémoire* en faveur de la liberté de l'enseignement. Alexandre Ier se prononça contre le monopole cher à Spéranski, puis érigea l'université des Jésuites à Polosk en université libre (13 novembre 1811).

*
* *

Au cours de cette campagne contre Spéranski, J. de Maistre eut l'occasion de se lier, de façon assez intime, avec le prince Alexandre Galitzine, procureur du St-Synode et ministre des cultes en Russie.

---

(1) Edit. Vitte, t. VIII.

Ce prince russe (1) était un personnage bizarre. Nommé, très jeune et sans préparations spéciales, procureur du St-Synode, il avait des tendances au mysticisme que sa fréquentation des loges des illuminés mystiques ou martinistes avait exacerbé. Il n'avait pas tardé à prendre sur l'esprit d'Alexandre Ier une certaine influence justement à l'aide de moyens mystiques. Le Tzar, depuis Austerlitz, devenait de plus en plus mystique. Les échecs successifs qu'il ne cessait de subir depuis 1805, eurent pour résultat d'aggraver son désarroi moral. Nous savons qu'il eut des crises nombreuses. Alexandre Galitzine lui était dans ces moments d'un énorme secours. C'était Galitzine qui lui ménageait des entrevues, tantôt avec des *skopiels* ou devins dont la terre russe fut toujours productrice abondante, tantôt avec des illuminés mystiques comme Kochélev qui prétendait communiquer avec Dieu. En compagnie de Galitzine, le Tzar consultait les livres sacrés, afin de lire dans leur texte l'avenir qui l'angoissait. Galitzine avait même la propriété de se mettre en extase, au moyen des exercices employés par les derviches tourneurs.

Alexandre Galitzine prit parti contre Spéranski et, en récompense de l'aide que J. de Maistre apporta à l'opposition, fut de ceux qui décidèrent le Conseil de l'Empire à se prononcer en faveur de la liberté de l'enseignement. Les *Carnets* nous révèlent, sur cette intimité entre Galitzine et J. de Maistre, des détails précis et jusqu'ici inconnus. Nous apprenons, entre autres, qu'Alexandre Galitzine alla jusqu'à communiquer à J. de Maistre des documents secrets, par exemple, une partie de la correspondance de Catherine II.

CHAPITRE IV

J. de Maistre ministre du Tzar
(1812)

Octobre 1811-mai 1812 furent les mois de la plus grande faveur de J. de Maistre auprès d'Alexandre Ier. Ce furent aussi des mois particulièrement décisifs dans la vie du Tzar.

(1) R. Waliszewski : Op cit., t. I, chap. III.

Il fallut, en effet, qu'Alexandre se décidât non seulement pour ou contre Spéranski ; mais encore pour ou contre Napoléon. Une partie de la nation et de la noblesse, qui souffraient du blocus continental, réclamaient la rupture de l'alliance franco-russe. Que faire ? Après bien des hésitations, le Tzar se décida finalement pour le renvoi de Spéranski et la guerre contre Napoléon. Or, J. de Maistre, dans ces temps décisifs, exerça une certaine influence sur l'esprit d'Alexandre Ier. C'est cette influence qu'il nous reste à mesurer.

Dès le 25 février (1) le comte Tolstoï, grand maréchal de la Cour, lui fit « une ouverture importante de la part de S. M. I. ». Le lendemain, nouvelle conversation avec le même personnage qui porte à sa connaissance « que toutes ses idées ont été approuvées ». Le 8 mars, ce grand maréchal remit à J. de Maistre « 20.000 roubles de la part de l'Empereur » pour qu'il se préparât « à remplir ses vues ». Une lettre du 4 mars nous apprend que le Tzar lui avait offert « d'être le rédacteur de tous les écrits officiels qui émaneraient de lui directement (publics et privés), ne devant avoir pour cela de rapport qu'avec sa personne même ou avec le chancelier » (2).

Le 17 mars, autre conversation, cette fois avec le chancelier de l'Empire qui lui parla « des vues de l'Empereur sur lui pendant la campagne qui se préparait et du projet qu'il avait de *l'acquérir* ». Il lui apprit « que l'Empereur daignait envoyer à Vienne un Fel-ïager déguisé », pour accompagner Mme de Maistre en Russie. C'était l'acceptation d'une condition posée par J. de Maistre. Ce dernier craignait que Napoléon, par représailles de le savoir au service de la coalition nouvelle, ne fît arrêter à Turin Mme et Mlles de Maistre (3).

Le même jour, J. de Maistre eut, de 8 heures du soir à 9 h. 3/4, une troisième entrevue avec le comte Tolstoï, entrevue à laquelle assistait, dissimulé dans le fond de l'appartement, Alexandre Ier. J. de Maistre s'expliqua « à cœur ouvert de la guerre qui se préparait » (4). Il préconisa l'unité de commandement militaire chez les alliés et la nécessité absolue d'éloigner le Tzar du commandement des

(1) Voir *Les Carnets*.
(2) Edit. Vitte, t. XII, p. 91.
(3) Edit. Vitte, t. XII, p. 91.
(4) Edit. Vitte, t. XI, p. 257.

armées. Cette unité de commandement qui existait dans les armées de Napoléon, c'est ce qui leur assurait une supériorité indéniable. « Tant que cette unité ne serait pas réalisée parmi ses adversaires », la partie « ne lui paraissait pas égale ». Cette vue, il la soutenait dans sa *Correspondance* et ses conversations depuis 1810. Le comte Tolstoï lui déclara que, pour le moment, l'unité de commandement parmi les alliés ne pouvait être réalisée au degré que l'aurait voulu J. de Maistre, « parce qu'il n'y avait pas en Russie de général capable de mettre dans sa tête l'immense armée qui est sur le point d'agir, il n'y en a même point qui en ait la prétention. L'Empereur, au moins, aura le poids de son nom ».(1). A la fin, Tolstoï révéla à son interlocuteur que le Tzar désirait que lui, J. de Maistre, suppléât le chancelier de l'Empire qui venait de tomber malade.

A Pétersbourg, nombreux furent ceux qui parlèrent de la nomination de J. de Maistre comme vice-chancelier.

Le 29 mars, Spéranski fut renversé et exilé de St-Pétersbourg.

Le 11 avril, J. de Maistre eut une nouvelle conférence avec le Tzar. « On m'annonce dans ce moment une nouvelle conférence secrète ; je n'oublierai rien, suivant mes forces, pour l'animer, pour lui ouvrir les yeux sur le *moral de la guerre*, sujet dont je me suis occupé avec certains succès, du moins à ce qu'il me paraît, et que pour l'ordinaire on ne comprend pas trop » (2).

Dans cette entrevue sur laquelle nous n'avons pas d'autres indications, J. de Maistre développa les théories qui figurent au *VIIe Entretien* des *Soirées de St-Pétersbourg* (3) et font de lui le théoricien génial du rôle des forces morales à la guerre.

Le 20 avril, J. de Maistre eut encore une entrevue avec le Tzar. Cette troisième conférence fut la plus importante. J. de Maistre en a rédigé un compte rendu analytique et un procès-verbal plus développé (4). Cette fois, l'entrevue eut lieu non pas dans l'appartement du grand maréchal de la Cour, mais dans le cabinet même de l'Empereur. « Que ne donnerai-je pour pouvoir vous en rendre un compte cir-

(1) Edit. Vitte, t. XII, p. 95.
(2) Edit. Vitte, t. XI, p. 111.
(3) Edit. Vitte, t. V.
(4) Edit. Vitte, t. XII, p. 126 et suiv.

constancié. Mais le temps me manque absolument. Ces sortes de choses ne me troublent, ne m'agitent même d'aucune manière, tant je sens, tant je vois, tant je touche, pour ainsi dire, cette force cachée dont nous ne sommes tous que des instruments. Quelquefois, je suis tenté de dire : Que vous plaît-il ? et d'attendre la réponse. Cette conversation pourrait cependant avoir de bien grandes suites. *En me congédiant, il m'a embrassé affectueusement.* Que voulez-vous que je vous dise, M. le Chevalier ? Je crois que vous me dispensez de toute description et de toute réflexion » (1).

Dans cette conférence, J. de Maistre promit l'appui des Jésuites en Pologne. Il développa ensuite ses vues au sujet de la nécessité d'établir l'unité de commandement dans l'armée russe et sur les avantages qu'aurait, pour la conduite de la guerre, la renonciation du Tzar à suivre l'armée en campagne. Il préconisa, pour réaliser l'unité de commandement, le maréchal Koutousoff, mais à la condition expresse qu'il eut, comme chef d'état-major, le marquis Palucci, militaire piémontais qui jouissait d'une certaine réputation. J. de Maistre insista encore sur la nécessité, où étaient les alliés, d'agir sur la France, afin d'y susciter des troubles royalistes. Il indiqua, parmi les émigrés français en Russie, ceux qui pourraient servir d'émissaires aux alliés. Ces précisions données par J. de Maistre sur la France, durent paraître précieuses, car le Tzar le considérait comme un *agent secret* de Louis XVIII.

Enfin, et cette affirmation prit un caractère particulier, J. de Maistre promit la victoire au Tzar en se basant sur des considérations d'ordre métaphysique et historique. A son point de vue, la victoire n'était pas douteuse, parce que Alexandre Ier avait favorisé le développement du catholicisme par l'envoi de missions catholiques en Sibérie, à Odessa, etc. Or, tous les princes qui avaient favorisé le catholicisme avaient eu des règnes longs et prospères. Il cita des exemples.

*
* *

Pour apprécier cette entrevue, il ne faut pas oublier que nous sommes en Russie, c'est-à-dire en Asie. Il faut donc abandonner nos mentalités d'Occidentaux et notre amour de la raison. De plus, il faut se rappeler qu'Alexan-

(1) Edit. Vitte, t. XII, p. 122-123.

dre Ier, avec son irrésolution perpétuelle, ses soupçons, etc., était un personnage à visages multiples. Le Tzar était, en outre, en proie à une crise aiguë de mysticisme. Il recevait en effet, dans ces mêmes semaines, chaque samedi, la visite de l'illuminé Kochélev.

J. de Maistre fut reçu à un double titre. Alexandre Ier lui accorda audition non seulement comme étant le personnage russe le mieux renseigné sur la France et pouvant indiquer le moyen d'y faire éclater une révolution, mais encore, et peut-être surtout, comme étant le catholique russe le plus notoire par ses connaissances théologiques. Par l'entremise de J. de Maistre, Alexandre Ier voulut avoir l'avis du Dieu des catholiques. Il le reçut donc au titre de *prophète.* J. de Maistre ne s'y trompa pas. Lorsque, dans le procès-verbal de cette entrevue, il rapporte sa réponse au sujet des certitudes de victoire, il se sert d'une prétérition qui constitue un aveu. « Je ne suis pas un *prophète*, répondit-il, mais j'espère que Sa Majesté Impériale peut s'attendre à des succès sans la moindre présomption, et je l'espère par des raisons qui me feraient passer auprès de beaucoup de gens pour un grand fanatique, mais dans ce genre, je ne suis pas timide. »

L'embrassade qui termina cette entrevue nous en révèle le caractère particulier. Ce baiser fraternel a un sens mystique et rituellique. Le Tzar avait cédé à une habitude chère aux illuminés mystiques, dont, par le prince Alexandre Galitzine, il connaissait et pratiquait les rites. Peut-être savait-il que J. de Maistre avait été illuminé mystique ? J. de Maistre admettait, d'autre part, que le rôle de *prophète* n'était pas une duperie. Dans les *Soirées de St-Pétersbourg*, il dira : « Les illuminés de Lyon ou de Silésie différaient de la plupart de leurs contemporains en ce qu'ils croyaient que l'esprit prophétique était naturel à l'homme, alors que l'existence du dit esprit est niée par le matérialisme qui souille la philosophie du siècle. » Le *prophète* est celui qui jouit du privilège de sortir du temps, et dont les idées « ne sont plus distribuées dans la durée ». L'esprit prophétique a toujours agité et agitera toujours le monde. Sa mission est d'avertir les hommes des grands événements qui se préparent. J. de Maistre pose comme une règle « que jamais il n'y eut dans le monde de grands événements qui n'aient été prédits de quelque manière » (1).

(1) F. Vermale : *Joseph de Maistre inconnu ;* op. cit., p. 33.

L'histoire générale a retenu plus particulièrement dans la vie d'Alexandre Ier les entrevues qu'en 1813-15, il eut avec la baronne de Krudner. Le Tzar avait eu d'autres crises de mysticisme. Elles avaient été plus secrètes, et ceux qui jouaient le rôle d'inspirés ne tenaient pas à la publicité ou ne voulaient pas en tirer profit et fortune, avec une volonté aussi arrêtée que la baronne de Krudner, aventurière sur le retour. J. de Maistre nous paraît devoir être compté au nombre des prophètes discrets.

* * *

Le 19 mai 1812, J. de Maistre partit en Pologne, un « valet de chambre dans ma voiture, et deux laquais en télesque ». Il suivait le Tzar qui se rendait à Wilna avec une maison militaire et civile importante.

Le 5 juin, il arrivait à Polock, où il était logé chez les Jésuites. Dès son arrivée à Wilna, Alexandre Ier accabla de faveurs la noblesse polonaise afin de la décider à le soutenir contre Napoléon. J. de Maistre reçut, le 8 juin, de la part du Tzar, l'ordre de préparer le « plan d'un édit pour le rétablissement du royaume de Pologne ainsi qu'un projet de manifeste pour l'annoncer » (1).

Le 22 juin, J. de Maistre inaugurait, en présence du duc de Wurtemberg, oncle de Sa Majesté Impériale, gouverneur de la Russie Blanche, l'Académie de Polock : le Tzar remplissait ses promesses. Mais voilà qu'après avoir franchi le Niémen, Napoléon entre à Wilna le 25 juin. La guerre était désormais effective, la rupture de l'alliance franco-russe était consommée.

Au début, Alexandre Ier suivit le plan du Wurtembergeois Puhl. Les armées russes commencèrent à faire le vide devant les armées napoléoniennes. La Pologne fut abandonnée systématiquement. Les Russes, en se retirant devant les Français, détruisaient ou emmenaient tout. Ils ne laissaient pas un cheval, pas une vache, pas un mouton, pas une volaille.

L'exécution de ce plan, dont J. de Maistre parlait depuis fin 1810, provoqua des récriminations unanimes dans l'armée russe de campagne. Mais celui qui décida Alexandre Ier à renoncer au commandement de l'armée et au plan Puhl

---

(1) R. Waliszewski : Op. cit., t. II, p. 16.

fut le marquis Palucci, dont le Tzar avait fait son chef d'état-major particulier, sur la recommandation de J. de Maistre. Palucci ayant traité Puhl de misérable devant l'Empereur, dut s'éloigner après cette algarade, contraire à la discipline militaire. Le Tzar lui donna une commission imaginaire pour Novogorod et un présent de 30.000 roubles. Néanmoins, Alexandre passa le commandement de ses armées, en vue d'une offensive, au général Barclay de Tolly, et revint à St-Pétersbourg où J. de Maistre le suivit.

Notre ancien sénateur de Chambéry soutint Palucci au point d'aller jusqu'à se compromettre publiquement avec lui. Le 26 juillet, au sortir d'un *Te Deum*, Palucci fut complimenté par des personnages importants de la Cour et J. de Maistre, « après la cérémonie, le prit dans sa voiture ». D'autre part, au cours de ce mois de juillet, dans le milieu très impressionnable de St-Pétersbourg, J. de Maistre fit campagne pour que l'unité de commandement se réalisât dans l'armée russe. C'était sa grande idée, et il prôna comme candidat Koutousoff avec Palucci comme chef d'état-major. Or Koutousoff n'était pas aimé d'Alexandre.

Cette attitude de J. de Maistre déplut-elle au Tzar ? Ces critiques furent-elles l'occasion par exemple pour un Nesselrode, ennemi de J. de Maistre et adjoint au chancelier, de le desservir auprès d'Alexandre ? Probablement, quoique nous n'ayons pas de documents précis à ce sujet. Mais le fait est là, dans son éloquence : depuis la fin juillet, J. de Maistre ne fut plus appelé auprès de l'Empereur. Comment expliquer cette défaveur autrement que par un croc-en-jambe de Nesselrode, dont l'intérêt était de se débarrasser d'un rival possible et qui ne lui pardonna jamais « d'avoir pu être à sa place ».

Dans ce mois de juillet 1812, où le sort de la Russie et de l'Europe se jouait, J. de Maistre souffrit de l'ostracisme qui le frappa. Il aimait Alexandre, il savait son irrésolution naturelle, il craignait quelque défaillance ; aussi aurait-il voulu être celui qui soutient et qui console ; être, en un mot, « Ministre au département du courage » (1).

* * *

Koutousoff ayant été nommé chef suprême des armées russes, J. de Maistre ne tarda pas à douter de lui. Après la

(1) Edit. Vitte, t. XII, p. 214.

prise de Moscou, le 7 octobre, J. de Maistre se demanda si, averti par un instinct royal, Alexandre n'avait pas raison de ne pas vouloir lui confier le commandement suprême ? Il lui reproche son hostilité contre les étrangers. « Il laisserait périr la Russie plutôt que de s'aider d'un étranger jeune et entreprenant à qui l'opinion pourrait attribuer le succès, du moins en partie. » « Cet égoïsme féroce, cette méfiance accapareuse sont deux traits repoussants de son caractère. »

En fin octobre, J. de Maistre annonce que la Cour, à Pétersbourg, est divisée entre les partisans de Koutousoff et ceux du comte Rostopchine. « La passion s'en mêle ici comme ailleurs, et plus qu'ailleurs ; car, dans l'univers entier, je ne crois pas qu'il y ait un seul endroit où les jugements soient aussi exagérés et aussi passionnés que dans cette belle capitale. » Le camp Rostopchine reprochait à Koutousoff son inaction, son manque de vigueur dans la poursuite de l'armée de Napoléon en retraite. « Mais pourquoi donc cet accompagnement et tous ces délais ? Si les Français sont si affaiblis, si les Cosaques seuls suffisent pour les mettre en déroute et prendre leur artillerie, s'ils manquent de pain, de fourrage, de vêtements, etc., pourquoi donc, au lieu de toutes ces processions, ne pas leur tomber dessus directement et les écraser d'un seul coup ? » Les amis de Koutousoff répondaient : « Quel général ! Quelle science ! Quelle admirable campagne ! Il mine l'ennemi, il l'extermine en détail, il épargne le sang, etc... »

Le 29 novembre, Koutousoff, dont les partisans avaient affirmé qu'il couperait Napoléon, le laisse échapper et franchir la Bérésina. Alexandre Ier, en apprenant cette nouvelle, s'écria : « Le plan est manqué. »

Koutousoff imputa cet échec à l'amiral Tchitchagof, le très intime ami de J. de Maistre. Cette accusation valut à Tchitchagof une impopularité énorme. Or, J. de Maistre, dans un rapport à son roi (1), disculpa l'amiral et démontra longuement que si Tchitchagof n'avait pas pris Napoléon, c'était la faute à Koutousoff qui, par jalousie, avait donné des ordres erronés afin de rendre impossible la réunion des divers corps d'armée russes sur la Bérésina.

Ce rapport nous prouve que, dès l'échec de Tchitchagof,

---

(1) Publié pour la première fois par l'Etat-major italien dans *Gli Italiani in Russia nel* 1812 ; 1912, p. 505 et suiv.

J. de Maistre, à St-Pétersbourg, défendit son ami contre ceux de Koutousoff. Mais ce dernier passait pour victorieux. Son attitude à l'égard du maréchal dut contribuer à faire écarter J. de Maistre de l'entourage du Tzar.

Le 27 décembre, J. de Maistre se considère comme renvoyé du service russe (1).

*
* *

Dans sa *Correspondance*, J. de Maistre n'attribue pas son éloignement soit à l'affaire Palucci, soit à l'affaire Tchitchagof. Pour lui, Alexandre se serait formalisé des réserves qu'il avait mises à l'acceptation définitive de sa mission. Si le Tzar avait été froissé par ces réserves, pourquoi y aurait-il eu commencement d'exécution de part et d'autre ?

Certainement, il y eut d'autres raisons à l'éloignement de J. de Maistre. Il nous semble que l'affaire Palucci et l'affaire Tchitchagof y furent pour beaucoup,

L'éloignement de J. de Maistre de l'entourage immédiat du Tzar n'entraîna pas pour lui une défaveur marquée. Alexandre continua à avoir beaucoup de bontés pour lui. Il semble qu'il lui fut toujours reconnaissant de sa fameuse théorie sur le rôle des forces morales à la guerre. Si le Czar avait eu une bonne contenance au cours de cette campagne de 1812 qui lui valait la gloire ; si, après Borodino, si, après Moscou, il avait tenu et refusé de traiter avec Napoléon, ne le devait-il pas à cette théorie maistrienne que Foch devait résumer dans cette formule : Victoire = Volonté ? (2). Aussi, J. de Maistre, dans sa *Correspondance*, est fier de la contenance d'Alexandre Ier au cours de ces mois d'épreuves. Il en est fier comme un professeur de son élève. Il y avait du chemin parcouru depuis Austerlitz ! Télémaque en sut toujours gré à Mentor. C'est pourquoi la défaveur de J. de Maistre, à la fin de 1812, n'atteignit jamais à la Cour de Pétersbourg les apparences d'une *disgrâce*. Puis, ne l'oublions jamais, J. de Maistre avait prédit la victoire, elle était venue, le *prophète* avait dit juste. Qui sait ce qu'une cervelle russe, même celle d'un Tzar, pouvait penser à ce sujet ?

*
* *

---

(1) Edit. Vitte, t. XII, p. 318.

(2) F. Vermale : *Joseph de Maistre inconnu* ; op. cit., ch. VIII

Avant d'aborder les années qui vont suivre, et qui verront l'expulsion des Jésuites de St-Pétersbourg et le départ de J. de Maistre de la Russie, il importe de s'arrêter pour écouter des explications préliminaires qui, seules, peuvent permettre de comprendre la suite des faits.

LIVRE VI

Le rêve religieux de J. de Maistre

CHAPITRE I

L'union des Eglises chrétiennes

En l'an de grâce 1925, des écrivains protestants, M. René Gillouin (1), par exemple, conviennent que le problème de la reconstitution de l'unité du christianisme est des plus actuels. « Il n'est jamais aisé de bien recoudre ce qui a été mal coupé, et il faut bien dire que chrétiens de toutes confessions et laïques de toute observance semblent avoir rivalisé trop souvent à qui ferait le plus mal la coupure; mais, pour ardue qu'elle soit, l'entreprise n'est nullement impossible, et si elle est possible, c'est un impérieux devoir d'y travailler, pour peu qu'on en soit capable, soit sur le terrain de la philosophie, soit sur celui de la théologie, soit sur celui de la politique. »

C'est toujours le *problème de la robe sans couture*, « de la robe du Christ, cette robe semblable au ciel, qui n'a pas de couture » (2). C'est-à-dire du rétablissement de l'unité du christianisme. C'est le grand rêve religieux qui hantait déjà l'esprit de J. de Maistre, comme il avait hanté celui de Bossuet et de Leibnitz, qui hante encore et toujours l'esprit de nos contemporains dans un temps cependant où le matérialisme semble régner de façon souveraine.

Le roman, cette forme littéraire sous laquelle nos modernes aiment à traiter toutes les questions qui les intéressent, a abordé ce problème religieux. M. Léon Thévenin a publié, en 1925, un roman aux *éditions de la Vraie France*, sous le titre : *La robe sans couture*, où il envisage les possibilités d'union entre l'Eglise catholique et l'Eglise grecque orthodoxe. M. Henri de Ziégler vient d'écrire les *Deux Romes*,

(1) René Gillouin : *Questions politiques et religieuses ;* 1 vol., Paris, 1925.

(2) E. Dermenghem : *Mémoire au duc de Brunswick ;* op. cit., p. 100.

autre roman qui traite du calvinisme et du catholicisme à Genève. Le *Figaro* du 8 octobre 1925 a rendu compte du Congrès de Stockholm, qui s'est tenu en cette ville du 19 au 27 août 1925. Ce Congrès a tendu à rapprocher toutes les Eglises séparées de Rome. C'est un pas énorme vers l'unité chrétienne. Là, en effet, se sont rencontrés des représentants des anglicans anglais, des épiscopaliens et presbytériens américains, des luthériens, des calvinistes et surtout des orthodoxes. Ces derniers, depuis l'écroulement de l'Empire russe, songent à une union avec le Cantorbéry.

M. Georges Goyau, dans le *Figaro* du 30 septembre 1925, nous montre que le Vatican est, en cette année jubilaire, tout à cette œuvre d'union. Pie XI a reçu quarante pasteurs protestants venus de Scandinavie. En novembre a été commémoré le Concile de Nicée ; la liturgie grecque a été célébrée à Rome « en souvenir, dit le Pape, de ces âges de foi où la chrétienté était encore indivise et où Orientaux et Occidentaux rivalisaient d'ardeur pour défendre la vérité ». Prière et science, voilà la formule qu'emploie Pie XI quand il écrit ou parle sur le rapprochement des confessions chrétiennes. « Il faut que les Latins s'efforcent d'acquérir une connaissance plus exacte et plus approfondie des institutions et des coutumes de l'Orient, il faut qu'ils soient persuadés qu'une fois l'Orient mieux connu chez nous, une juste estime et une véritable charité s'ensuivront. Ce qui est d'une très grande importance pour promouvoir la véritable unité religieuse. »

*
* *

Ce rêve religieux de *la robe sans couture* fut celui de J. de Maistre. Nous n'en pouvons plus douter aujourd'hui que M. Dermenghem a publié le *Mémoire sur la Franc-Maçonnerie*, que J. de Maistre adressa au duc de Brunswick-Lunebourg à la veille du Congrès de Wilhemsbad (juillet 1782). Dès cette époque, alors qu'il était à Chambéry substitut de l'avocat général fiscal, nous savons qu'il rêvait de faire, en dehors du sacerdoce, avancer le christianisme et rétablir l'unité chrétienne par la fusion des sectes dissidentes, en particulier du luthérianisme et du catholicisme. Jérusalem, et non Rome, devait être la capitale de cette *Eglise universelle*. Ce rapprochement devait être le but suprême de la Franc-Maçonnerie, son grand œuvre.

Malgré les événements de la Révolution française, J. de Maistre n'abandonna pas son rêve d'unité. Néanmoins, sous la poussée des circonstances, il se produisit, dans sa manière d'envisager le problème de l'*Eglise universelle*, un changement capital. Nous savons, en effet, que, pendant son séjour à Lausanne, J. de Maistre se livra, en la compagnie des prêtres réfractaires savoisiens, à de fortes études de théologie qui l'amenèrent à renoncer aux doctrines gallicanes et à adopter les doctrines ultramontaines. Il étudia en particulier Bellarmin. L'argumentation de ce théologien en faveur du Pape lui parut irrésistible. L'*Eglise universelle* avait existé du xe au xvie siècle et c'est l'Eglise catholique avec toute sa hiérarchie sacerdotale. Donc, l'*Eglise universelle* n'est pas à reconstituer, elle existe. Il suffira de ramener à elle les brebis égarées, c'est-à-dire l'Eglise grecque, le luthérianisme, le calvinisme, qui, par rapport au catholicisme, ne sont que des sectes, des dissidences. Le centre de cette *Eglise universelle* n'est pas à Jérusalem, il est à Rome.

A partir de cette époque, J. de Maistre cessa d'être illuminé mystique pour être catholique ultramontain. Il cessa d'être *tolérant* (au sens que ce mot avait parfois au xviiie siècle, c'est-à-dire ennemi du prosélytisme catholique, en particulier de celui des missionnaires), pour devenir *intolérant* (c'est-à-dire partisan de la propagande de la foi catholique). Nous savons qu'à Lausanne, J. de Maistre commença son œuvre de convertisseur. L'exemple de la baronne de Pont nous le prouve (1).

*
* *

En 1796, dans les *Considérations sur la France*, J. de Maistre parlera, au chapitre III, du rapprochement des Eglises chrétiennes. Pour lui, la Révolution, par un de ces retournements, une de ces imprévisions, chers à son providentialisme, en forçant le clergé catholique à émigrer en Angleterre où il a été recueilli par l'Eglise anglicane, contribuera à rapprocher le presbytérianisme du catholicisme. C'était une juste prévision que le célèbre mouvement d'Oxford allait confirmer, à partir de 1820.

*
* *

(1) Voir Edit. Vitte, t. IX, p. 363.

En 1803, J. de Maistre arriva en Russie comme envoyé extraordinaire de son Roi. Face à l'Eglise orthodoxe, il reprit son rêve d'unité religieuse, mais tel qu'il le comprenait depuis son séjour à Lausanne. Il eut tôt démêlé « qu'en fait de religion, le Russe ne sait rien ». Il ajoutera : « L'ignorance absolue de la langue latine le rend étranger à toutes les sources de la controverse. Il a beaucoup d'esprit ; mais le plus grand esprit ne sait que ce qu'il a appris et le Russe n'a point encore regardé de ce côté (je parle des laïques). Maintenant que l'aurore de la science commence à poindre, elle produit son effet ordinaire, celui d'ébranler la religion du pays, car nulle secte ne peut tenir devant la science. Le clergé vulgaire et non instruit n'est rien et ne peut rien ; ceux qui ont de l'esprit et qui savent le latin et le français sont tous plus ou moins protestants. On le nie dans le monde, ou parce qu'on l'ignore, ou parce qu'on ne s'en soucie pas, ou parce qu'on aime mieux le nier que d'y mettre ordre, mais rien n'est plus incontestable. »

A St-Pétersbourg, J. de Maistre retrouva, en outre, les francs-maçons illuminés mystiques martinistes, les protestants et l'ordre des Jésuites.

*
* *

Depuis 1782 et le Congrès de Wilhemsbad où les illuminés mystiques martinistes de la catégorie de ceux de Lyon et de Chambéry avaient triomphé, la franc-maçonnerie russe était fortement teintée d'illuminisme mystique. J. de Maistre fréquenta en Russie cette catégorie de francs-maçons et si, pour ne pas déplaire aux Jésuites, il ne reprit pas de l'activité maçonnique, nous savons, par lui-même, que des offres lui furent faites dans ce sens. Les titres maçonniques de J. de Maistre ne furent donc pas ignorés de la société de St-Pétersbourg. En 1807, ses *Carnets* nous rapportent qu'ayant assisté à une profession religieuse d'un diacre dans l'église de Newsky, J. de Maistre s'entretint avec Alexandre-Louis Narischkin, grand-chambellan, « pour remarquer avec ce personnage combien cette cérémonie ressemble à une réception de franc-maçon ». J. de Maistre, d'autre part, tint toujours en amitié les illuminés russes parce que ces illuminés n'étaient que des *chrétiens exaltés* et parce que l'illuminisme produisait en Russie trois grands biens : 1° en préparant tous les hommes au catholicisme en éteignant les haines de sectes; 2° en maintenant le cœur humain dans un état religieux et en le préservant du *Rienisme moderne ;* 3° en favorisant la tolérance universelle.

*
* *

En Russie, J. de Maistre rencontra encore le protestantisme allemand qui, fortement teinté de kantisme, était le véhicule par lequel les idées révolutionnaires, c'est-à-dire le culte des droits du peuple et l'esprit républicain, pénétraient dans l'esprit des Tzars.

*
* *

A Pétersbourg, J. de Maistre retrouva aussi les Jésuites qui y étaient établis depuis 1800 (1). Chassés du reste de l'Europe, Catherine II leur avait accordé refuge en Pologne russe où les Jésuites avaient déjà d'importants établissements d'instruction. Paul Ier les avait appelés à St-Pétersbourg pour le service de l'Eglise catholique et l'enseignement dans le *Collège des nobles.* Alexandre Ier leur permit d'envoyer des missions dans diverses provinces de l'empire : à Odessa, en Sibérie, en Géorgie, etc... Lors de l'arrivée de J. de Maistre, le général des Jésuites était le P. Gruber, un homme supérieur.

Après un an de séjour dans la capitale russe, nous relevons dans les *Carnets* : « Le 22 avril 1804, jour de Pâques dans ce pays, j'ai communié à St-Pétersbourg de la main du général des Jésuites. Qui m'eût prédit cela il y a vingt ans m'aurait un peu surpris. »

Les *Carnets* nous font connaître aussi que le 9 et le 11 octobre 1805, J. de Maistre avait « assisté à deux examens du collège des Jésuites. Je ne me rappelle pas avoir vu dans ma vie rien de plus misérable. Je n'y ai plus trouvé le talent inné de cet Ordre pour l'éducation de la jeunesse. Il s'agirait de savoir si les Jésuites manquent ici aux talents, ou si les talents manquent aux Jésuites; pour moi, je n'estime sur ce que j'ai vu, ni l'*Argile* ni le *Potier* ».

En mars 1805 mourait le P. Gruber. J. de Maistre écrivit sur lui une magnifique lettre d'éloges en annonçant sa

(1) Rouët de Journel : *Un Collège de Jésuites à Saint-Pétersbourg ;* 1 vol., Paris, 1922.

mort à un de ses amis (1). Nous savons qu'à Pétersbourg, J. de Maistre venait le voir chaque matin (2).

La mort du P. Gruber rompit l'intimité de J. de Maistre et des Jésuites. Les relations amicales reprirent après Tilsitt et les commencements de l'alliance franco-russe.

*
* *

J. de Maistre commença à jouer, dans la haute société de St-Pétersbourg, un rôle considérable au point de vue religieux à partir de 1807.

A cette époque, dans la maison des Golovine, grands seigneurs russes, vivaient deux émigrés français : la princesse de Tarente, amie de Louis XVI et de Marie-Antoinette, et le chevalier d'Augard. Tous deux se faisaient remarquer par leur pratique des vertus chrétiennes.

Le chevalier d'Augard (3) avait été nommé en 1796, par Catherine II, conseiller d'Etat et sous-directeur de la Bibliothèque impériale. Depuis 1775, à la suite d'un prêche à Notre-Dame de Paris, d'Augard, qui était dans la marine royale, s'était adonné à la vie chrétienne et aux bonnes œuvres. En Russie, il avait continué sa vie de chrétien exemplaire et il édifiait son entourage. C'était un véritable saint, et Mme Swetchine lui attribua « l'honneur d'avoir introduit le catholicisme en Russie » (4). Le salon de la princesse Alexis Galitzine, celui des Tolstoï, devinrent bientôt, à côté de celui des Golovine, des foyers de propagande catholique. Dans la noblesse russe, beaucoup de dames louèrent des logements, dans des maisons voisines du *Collège des nobles* où leurs fils recevaient l'instruction des Jésuites. L'action de ces derniers s'en accrut.

En octobre 1808, le chevalier d'Augard mourut (5). Pendant sa courte maladie, il passait ses journées assis dans un fauteuil devant une table sur laquelle était posé un grand crucifix. Il était veillé par l'aînée des filles de la comtesse Golovine et Mlle Catiche Tolstoï. Il reçut des mains du P. Rozaven l'extrême-onction, en présence de la famille Golovine. Il mourut le 28 octobre. La veille, il avait donné

(1) Edit. Vitte, t. IX, p. 388.
(2) Rouët de Journel : Op. cit., p. 125.
(3) Rouët de Journel : Op. cit., p. 148-149.
(4) Falloux : *Vie de Mme Swetchine*, t. I, p. 30.
(5) Rouët de Journel : Op. cit., p. 259.

audience à J. de Maistre et avait conversé avec lui. Le 31, J. de Maistre assistait à ses funérailles avec son fils Rodolphe.

Cette audience, accordée à J. de Maistre par le chevalier d'Augard mourant, a eu une importance capitale dans la vie de l'ancien sénateur de Chambéry. C'était à lui que le chevalier d'Augard avait remis les destinées du catholicisme en Russie. La preuve nous en est donnée par l'attitude de J. de Maistre après cette mort. Désormais, il se comportera comme le protecteur laïque du catholicisme russe et chaque matin, à partir de cette époque, il eut un entretien de deux heures avec un Jésuite.

De cette situation, il ne faut pas être surpris. Les catholiques russes, au nombre de 8 millions, avaient un archevêque, lequel était primat de toutes les Russies : c'était celui de Mohilew ; mais il n'avait aucune des vertus chrétiennes et aucune science du dogme. C'était un ancien officier de cavalerie (1), un ex-protestant, qui avait été nommé archevêque, surtout parce que, dans l'entourage du Tzar, on le savait ennemi de la Papauté. Dès lors, on s'explique que la direction du catholicisme, en Russie, tendit à passer soit aux Jésuites, soit à un de leurs amis.

CHAPITRE II

J. de Maistre protecteur des catholiques russes (1809-1816)

Sous le protectorat de J. de Maistre, la défense catholique en Russie fut assurée avec vigueur. Nous avons vu ce qu'il fit pour empêcher l'établissement du monopole de l'enseignement et, par là-même, sauver les établissements d'instruction des Jésuites. Dans chacun des *Mémoires* que J. de Maistre adressa dans les années 1811 et 1812, au Tzar, il attaquait le protestantisme alors fort en vogue en Russie. Son argumentation contre la réforme était celle déjà contenue dans son travail de 1797. A ses yeux, le protestantisme incarne toujours l'esprit de révolte contre les souverains ;

(1) Edit. Vitte, t. VIII, p. 509.

le catholicisme, au contraire, représente l'esprit de soumission à l'autorité royale. D'où sa conclusion : protéger le catholicisme, c'est protéger l'empire; favoriser le protestantisme, c'est préparer sa ruine.

A partir de 1809, le premier ministre Spéranski s'allia avec les protestants allemands, kantistes dévoués, tel le professeur Fessler, les francs-maçons rationalistes, les athées, les sceptiques, pour créer un mouvement d'opinion en faveur de ses projets de réformes politiques. Pour amener l'échec de Spéranski, nous avons vu déjà que J. de Maistre s'allia avec les illuminés martinistes et le parti vieux-russe. Il y eut un véritable complot contre Spéranski et ce ministre succomba. Le protestantisme, vaincu avec Spéranski, retrouva force et vigueur en 1812, avec le retour de la Russie à l'alliance avec l'Angleterre. La propagande du protestantisme allemand subit une éclipse. Ce fut celle des protestants anglais de la secte des *Sociniens*, c'est-à-dire des protestants qui niaient la divinité du Christ et sa préexistence, qui lui succéda. Ce protestantisme socinien déchaîna en Russie, à partir de 1812, une formidable offensive religieuse en constituant, avec l'argent britannique, une *Société biblique russe* sur le modèle de la *Société biblique de Londres*.

Malheureusement pour J. de Maistre, ses amis les illuminés martinistes protégèrent cette Société biblique et le prince Alexandre Galitzine en devint un des patrons, au nom de la *Tolérance*, chère aux mystiques francs-maçons. J. de Maistre s'émut des progrès de la propagande de la Société biblique russe. Il voulut la gagner de vitesse. A cette offensive, il répondit en activant le prosélytisme catholique. Les circonstances devenaient particulièrement favorables. Un vent puissant d'ardeur religieuse passait sur la terre russe. Les âmes avaient besoin d'être consolées des deuils et des ruines, causés par l'invasion française. La religion orthodoxe apparaissait insuffisante à beaucoup d'âmes slaves. Elles aspiraient aux consolations d'un culte moins exclusivement formel. La religion était autre chose qu'un chant, leur semblait-il !

*
* *

Du vivant du P. Gruber (1), une seule conversion s'était accomplie à St-Pétersbourg : celle de la princesse Anna

(1) Rouët de Journel : Op. cit., p. 221.

Bariatinski, femme du grand-maréchal de la Cour, comte Nicolas Tolstoï. Après 1809, surtout après 1812, des conversions plus nombreuses se produisirent sans qu'on puisse en dire exactement le nombre, soit dans la noblesse, soit parmi les marchands, soit dans le peuple. L'Eglise catholique de Pétersbourg compta alors 10.000 fidèles (1). La méthode employée par J. de Maistre était la suivante : il agissait par persuasion auprès des grandes dames russes. Il discutait avec elles sur les résultats de leurs lectures. Parfois, cette tâche n'était point facile : l'exemple de Mme Swetchine est là pour le prouver. Puis il laissait les Jésuites achever la conversion. Au sujet de Mme Swetchine, J. de Maistre écrivait : « J'ai beaucoup pensé et beaucoup griffonné depuis votre départ, mais toujours incognito, fort pour la voisine (Mme Swetchine), qui me récompense amplement des efforts que j'ai faits pour rendre les hauts lieux de la philosophie accessibles même à des pieds habillés de soie. Vous ne sauriez croire, M. le Comte, combien je prends plaisir à contempler la rectitude et la pénétration de cet esprit de femme. S'il y en avait deux ou trois cents comme elle (je dis bien peu) à St-Pétersbourg, toutes les autres capitales devraient lui céder. » Cependant, les Jésuites comme les prêtres catholiques s'étaient engagés, vis-à-vis du gouvernement du Tzar, à ne pas exercer de prosélytisme parmi les sujets orthodoxes de l'Empereur. Le danger était donc certain, la propagande catholique pouvant provoquer, d'un moment à l'autre, les foudres administratives. *Que fallait-il faire ?* Eternelle question que l'on posait à J. de Maistre et voici sa réponse : « Avant tout il importait d'agir avec mesure. Le devoir était d'éviter certains partis extrêmes, certaines actions hardies, c'est-à-dire des conversions publiques. Quelquefois le martyre est un devoir, quelquefois la simple confession est une faute : s'il est donné de braver la persécution, il est défendu de la provoquer... On ne doit pas tout à l'autorité publique, rien n'est plus incontestable, mais il ne l'est pas moins qu'on lui doit quelque chose » (2). Aussi, pour agir avec mesure, J. de Maistre conseillait-il à la grande dame orthodoxe, qui l'avait consulté, de s'en tirer à l'aide de la restriction mentale. Par exemple, à propos de la communion à l'Eglise grecque, elle continuera à la pratiquer dans cette Eglise qui enseigne la présence

(1) Edit. Vitte, t. VIII, p. 502.
(2) Edit. Vitte (*à une dame russe*), t. VIII, p. 156.

réelle, mais « c'est un acte que vous pouvez régulariser en y ajoutant le vœu sincère de manger ce pain à la table de St Pierre » (1). Il ajoute : « Vous avez un époux, une famille et des biens. Un éclat de votre part compromettrait tout cela sans fruit » ; donc « pas de publicité inutile ou dangereuse... Il y a des moyens doux qui opèrent beaucoup et sans inconvénient et qui sont : 1° Ne jamais attaquer la religion catholique en société ; 2° éclairer sur les préjugés qu'entretient l'Eglise orthodoxe à l'égard de l'Eglise catholique, ses enfants, ses amis, ses domestiques ; 3° favoriser la lecture des bons livres ; 4° désirer de tout son cœur que l'empire de la vérité s'étende de jour en jour et laisser dire tous ceux qui ont la prétention de vous deviner. » J. de Maistre concluait : « Quand vous serez ainsi disposée, je vous dirais comme Lusignan : Allez, le ciel fera le reste ! » (2).

* * *

Malheureusement, il y eut des excès de zèle soit parmi les Jésuites, soit parmi les nouvelles converties. En octobre 1815, J. de Maistre écrivait de Pétersbourg : « De grandes conversions ont frappé les yeux. Enfin, un grand nombre de personnes dans la haute classe ont passé à la religion catholique, du moins on le croit, et c'est assez pour exciter de l'autre côté un violent dépit. Le ministre des cultes, prince Alexandre Galitzine, surveille les Jésuites avec une sévérité colérique... et l'on espère obtenir de Sa Majesté Impériale, à son arrivée, quelques mesures de rigueur. Mais comment et contre qui ? Frappera-t-on sur des catholiques présumés et du premier ordre, tandis qu'on n'ose pas toucher du bout du doigt des polissons de Rascolnicks, visibles comme le soleil ? »

Le ministre des cultes, Alexandre Galitzine, illuminé mystique et un des amis et protecteur de J. de Maistre, avait fermé les yeux tant que la propagande catholique avait semblé n'atteindre que les femmes, mais, lorsque le prosélytisme catholique fit des conquêtes parmi les hommes, Galitzine et son entourage commencèrent à s'alarmer. Un incident en l'année 1814 transforma ces alarmes en hostilité déclarée. Un neveu du comte Alexandre Galitzine

(1) Edit. Vitte, t. VIII, p. 155.
(2) Edit. Vitte, t. VIII, p. 136-137.

était depuis trois ans élevé au pensionnat des nobles de Pétersbourg, alors dirigé par les Jésuites. Ce jeune homme, âgé de 15 ans, se convertit au catholicisme. Dans son ardeur de néophyte, il refusa, aux fêtes de Noël 1814, de baiser le crucifix dans une cérémonie orthodoxe. Instruit de ces faits, Alexandre Galitzine retira aussitôt son neveu du pensionnat. Malgré toutes les remontrances, le jeune Galitzine persista dans son catholicisme. Ce fut un scandale. La princesse Tsoukerstanov écrivait, le 10 janvier 1815, sur cet incident : « Les Jésuites, je le prévois, se feront chasser un de ces jours. » C'est ce qui allait se produire maintenant que J. de Maistre n'avait plus l'appui et la protection d'un des illuminés mystiques russes les plus notoires, le prince Alexandre Galitzine. Pris entre l'hostilité des protestants de la Société biblique, des matérialistes et rationalistes allemands d'une part, et l'hostilité du clergé orthodoxe d'autre part, le catholicisme romain, ayant perdu l'alliance des loges martinistes, devait s'effondrer. Cette chute, rapide quand l'appui martiniste manqua, permet d'apprécier combien il fut important pour les Jésuites, au temps de Spéranski. Mais avant la catastrophe que nous annonçons, les illuminés mystiques devaient procurer à J. de Maistre une grande joie et une grande espérance. La désillusion fut d'autant plus profonde que les illuminés mystiques russes osèrent poser, devant l'Europe stupéfaite, le problème de la *robe sans couture*, lors de la réunion du Congrès de la Paix à Paris.

En effet, pendant que l'empereur Alexandre était à Paris, parut son fameux manifeste, que, sous l'influence de la baronne de Krudner, il lança au sujet de l'*Eglise universelle* (14 septembre 1815). Les souverains autrichiens, prussiens et russes se déclaraient chrétiens d'une même famille. Jésus-Christ y était appelé : « Notre Seigneur et Notre Sauveur, Verbe Eternel, Splendeurs du Père, Trésor d'Amour. »

J. de Maistre salua ce message avec émotion. Il y reconnut le vieux rêve des illuminés mystiques pour lequel il avait vibré autrefois. Aussi, dès l'apparition de ce document qui, par son allure mystique, plongea les chancelleries européennes dans la stupéfaction, J. de Maistre s'empressa-t-il d'en expliquer le caractère à son Roi, revenu à Turin. Pour lui, il ne doute pas que ce soit les illuminés mystiques qui aient dicté la convention de Paris. « Les illuminés (1) de ce

(1) Edit. Vitte, t. XIII, p. 222.

genre pullulent à St-Pétersbourg et à Moscou, j'en connais un nombre infini... Je suis parfaitement informé des machines que ces gens-là ont fait jouer pour s'approcher de l'auguste auteur de la convention et pour s'emparer de son esprit. Les femmes y sont entrées comme elles entrent partout. » Allusion directe à la baronne de Krudner et à Mlle Roxane Stourdza (1). Cependant il ne peut pas affirmer qu'Alexandre Ier soit devenu franc-maçon illuminé mystique. Des expressions empruntées des symboles, de la liturgie, des mystiques même, et transportées *toutes chaudes* dans la diplomatie, ne manquèrent pas de faire rire toute la religieuse Europe ; mais pendant que certaines personnes rient, d'autres peuvent penser et écrire. « Cette déclaration, écrit J. de Maistre, n'est-elle pas une des phases de la grande révolution religieuse qui est déjà inévitable en Europe et qui est déjà même fort avancée ? » Ce manifeste de la Sainte Alliance ne signifie-t-il pas que, sous la poussée des événements révolutionnaires depuis 1789, les souverains européens protestants ont enfin compris que si, au XVIe siècle, ils avaient nié les dogmes du catholicisme, ce n'était exclusivement que pour voler l'Eglise catholique d'alors, de ses biens ? Qu'ils avaient ébranlé leurs trônes en soutenant « une religion qui pose en maxime le jugement particulier et la souveraineté du peuple, contre une autre religion qui soutient que, contre notre légitime souverain, fut-il Néron, nous n'avons d'autre droit que celui de nous laisser couper la tête, en disant respectueusement la vérité » ? Les princes signataires de la Sainte Alliance ne vont-ils pas provoquer dans leurs Etats une révolution contraire à celle du XVIe siècle ? J. de Maistre le crut, et se laissa, au vu de ce manifeste, aller à l'espérance du retour du protestantisme et des communautés orthodoxes sous l'égide de Rome. Les événements allaient encore une fois le décevoir.

*
* *

Rentrant en Russie après trois ans d'absence, Alexandre Ier, dont l'esprit était devenu de plus en plus bizarre et soupçonneux, était prévenu contre le catholicisme. Il avait été

---

(1) Cette dernière, qui avait accompagné l'impératrice Elisabeth en Allemagne au cours de l'année 1813, était en correspondance avec Mme Swetchine et J. de Maistre. Ce fut Mlle Stourdza qui ménagea les premières entrevues d'Alexandre Ier et Mme de Krudner.

révolté par les scandales religieux qu'il avait vus à Vienne (1). D'autre part, il craignit que les progrès du catholicisme n'engendrassent la guerre civile (2) et ne contrariassent les vues générales de sa politique en Orient où il revendiquait le titre de protecteur des chrétiens orthodoxes dans l'Empire Ottoman. Enfin, il n'avait jamais pu vaincre entièrement le mouvement intérieur qui l'écartait des catholiques (3). Lui qui avait rêvé de fusion des communautés chrétiennes, frappa, deux mois après avoir lancé son manifeste d'union, les catholiques russes dans la personne des Jésuites.

Dès son retour à St-Pétersbourg, le jeune Galitzine fut mandé par l'Empereur qui l'interrogea en personne. Ce jeune homme de 16 ans lui répondit « qu'il était le sujet dévoué de son maître jusqu'à la mort, mais qu'il demeurerait jusqu'au tombeau inébranlable dans sa foi ». Quelques jours après, un ukase chassait les Jésuites de St-Pétersbourg.

« Les Jésuites (4), écrivait J. de Maistre, trompés par le nombre et la qualité des conversions, ont cru avoir ce qu'on appelle *ville gagnée ;* ils sont allés un peu trop vite ; l'orgueil national s'en est mêlé, la catastrophe est arrivée. » J. de Maistre en fut comme foudroyé. De plus, il ne sut pas dissimuler son dépit et commit des imprudences de langage.

Le prince Alexandre Galitzine ayant dénoncé J. de Maistre comme étant *l'arc boutant* du fanatisme des Jésuites, le Tzar envoya auprès de l'ancien sénateur de Chambéry, un de ses ministres « pour lui parler des soupçons qui étaient arrivés jusqu'à lui » (5). Le 6 février 1816, à midi, J. de Maistre eut une entrevue avec l'Empereur auquel il n'avait pas parlé depuis 1812. J. de Maistre constata, dès l'abord, qu'Alexandre Ier avait bien changé physiquement et moralement. Mentor eut peine à reconnaître Télémaque. Le vainqueur de Napoléon n'avait plus l'attitude modeste et démocratique d'avant Austerlitz. « L'Empereur s'avance avec ses 36 millions d'hommes dans ses poches, on le voit distinctement, il vous serre corps à corps, et même, comme il n'a pas l'ouïe fine, il approche sa tête de la vôtre. Son

(1) Edit. Vitte, t. VIII, p. 488.
(2) Edit. Vitte, t. VIII, p. 493.
(3) Edit. Vitte, t. VIII, p. 517.
(4) Edit. Vitte, t. XIII, p. 258.
(5) Edit. Vitte, t. XIII, p. 281 et suiv.

œil interroge, le soupçon est assis sur son sourcil, et la puissance lui sort des pores » (1).

« J'ai lieu de croire, dit Alexandre Ier, sur un ton de reproche, d'après de bons renseignements, que vous souteniez réellement ces Messieurs (les Jésuites?). » J. de Maistre semble n'avoir pas répondu et avoir courbé la tête. Le Tzar reprit alors accentuant ses reproches, démontrant que tandis qu'il travaillait à Paris à édifier l'*Eglise universelle*, à Pétersbourg le fanatisme de ceux qui ne voyaient pas un christianisme plus grand que celui de Rome, le combattait. N'était-ce pas manquer à tous les devoirs ? Au lieu d'attaquer l'incrédulité, pourquoi s'en prendre à l'Eglise orthodoxe ? N'était-ce pas noire trahison ? « Pratiquons l'Evangile, c'est un assez grand point. Quant à ceux qui changent de religion, j'avoue que je ne puis les estimer », affirma le Tzar. « Il accompagnait cette décision, rapporte J. de Maistre, de quelques mines sensibles de mépris. »

Pour détourner l'orage, J. de Maistre, très habilement, dévia la conversation sur la convention religieuse de Paris. A la fin seulement, J. de Maistre revint sur l'incident des Jésuites : « Sire ! Je prie Votre Majesté Impériale de faire attention que la partie n'est pas du tout tenable ici, avec le soupçon seul de lui déplaire. Je serai le premier à écrire à Turin... Il s'était un peu éloigné de moi, et n'ayant pas entendu parfaitement, il comprit que j'avais dit : « Je crains que Votre Majesté n'ait écrit à Turin. » Il revint sur moi avec vivacité, en me disant : Jamais, jamais je n'ai écrit un mot à Turin dans ce sens. Vous savez combien je vous ai toujours estimé, et c'est précisément à raison de cette estime, que j'ai voulu m'expliquer franchement avec vous. Maintenant tout est fini, et les choses reprennent l'ancien pied. Là-dessus il me saisit la main et me la secoua à l'anglaise avec beaucoup de bonté...» On n'en était plus au baiser fraternel qui avait terminé les entrevues de 1812 !

Quelques jours après, J. de Maistre écrivait à Mgr Severoli, nonce apostolique à Vienne : « La chose s'est fort bien passée, cependant je ne voudrais pas répondre qu'il ne restât, au moins pour quelque temps, encore un peu de rancune dans le cœur impérial. J'ai bien connu qu'on lui a fait des contes. »

Cependant, pour montrer son pardon, le lendemain, 7 février, le Tzar faisait communiquer à J. de Maistre les

(1) Edit. Vitte, t. XIII, p. 281.

originaux de la fameuse convention religieuse de Paris. C'était pour mieux le tromper. Il avait écrit à Turin des lettres secrètes où il demandait son rappel. Il faisait savoir qu'il ne voulait plus que J. de Maistre fût employé dans la diplomatie, mais il indiquait qu'il lui serait agréable de le voir pourvu d'un poste important dans l'administration sarde.

Par la plume du chancelier Nesselrode, l'ennemi de J. de Maistre qui avait été un instant son rival, le Tzar se plaignait amèrement de son prosélytisme, de sa conduite et de son langage au sujet des Jésuites, de la tendance ordinaire de ses opinions, de sa partialité, de son acharnement contre les idées libérales du siècle. Il attaquait l'application que le ministre de Sardaigne mettait à fréquenter la société, rabaissait les succès qu'il y obtenait, affirmait que sa réputation d'homme de talent était usurpée. Que ces succès il les devait en grande partie à sa mémoire et à sa loquacité plus qu'à la profondeur de ses vues. J. de Maistre n'était pour Alexandre Ier qu'un *orateur de salon*. Heureusement pour le ministre de Sardaigne, le représentant de l'Empire de Russie à Turin était au mieux avec le comte de Gabriac, ambassadeur de France. Gabriac dissuada son collègue russe de communiquer ces lettres au comte de la Vallaise, ministre sarde des affaires étrangères, et sauva ainsi J. de Maistre d'un rappel brutal de la part de son Roi (1).

*
* *

Pour protester contre ses accusations de complot, J. de Maistre composa un *Mémoire* dans lequel il démontrait que la religion catholique défend à ses fidèles la révolte contre les gouvernements établis. Ce sera le livre II *Du Pape*. Ce travail était terminé en mai 1817 (2).

---

(1) *Les Carnets*, p. 232 et suiv.

(2) Il y ajoutera deux autres livres pour réfuter le pamphlet du jeune Stourdza : *Considération sur la doctrine* et l'*Esprit de l'Eglise orthodoxe*, dans lequel il était attaqué ainsi que les Jésuites. — Il semble que ce pamphlet, publié aux frais du Tzar, prouve que, dans l'entourage d'Alexandre Ier, les Stourdza, qui avaient été persécutés par les Turcs à cause de leur religion orthodoxe, aient été les ennemis les plus acharnés de J. de Maistre convertisseur. Les Stourdza, comme Capo d'Istria, étaient des Grecs orthodoxes, qui poussaient la Russie à employer la force de ses armées pour émanciper les frères grecs restés sous la domination turque. Au Congrès de Vienne, Alexandre Ier avait essayé de se faire donner un mandat général par l'Europe de protecteur des chrétiens orthodoxes en Turquie.

*
* *

Dès l'apparition de l'ukase contre les Jésuites, J. de Maistre comprit qu'il ne pouvait plus rester en Russie. Il demanda à son Roi de le rappeler, ce qui eut lieu. Le 13 juin 1817, il prenait congé d'Alexandre Ier et des deux impératrices. Pour le ramener, le Tzar mit à sa disposition un vaisseau de la marine russe qui le déposa à Calais.

Ce départ de Russie frappait durement J. de Maistre dans ses intérêts familiaux. Son frère Xavier avait épousé une demoiselle d'honneur de l'Impératrice, il était général dans l'armée russe, et, par sa femme, jouissait d'une fortune fabuleuse. En tant que père, J. de Maistre avait espéré que, grâce à son prestige, à sa réputation qui était grande, grâce aux mérites de son fils Rodolphe qui était officier supérieur dans l'armée russe, il pourrait le marier richement dans ce pays où fortunes et gens n'étaient pas à la commune mesure. Il pensait aussi qu'il y établirait ses filles. C'est à ces rêves familiaux qu'il dut dire adieu. Il était devenu si bien russe, qu'il avait écrit à ses amis de Savoie, de Genève ou de Turin, qu'il pensait finir ses jours en Russie, qu'il n'avait aucun esprit de retour. L'ukase contre les Jésuites avait anéanti tous ses beaux projets ! (1).

---

(1) Lorsque J. de Maistre quitta la Russie, son frère Xavier l'accompagna avec sa femme presque jusqu'au navire sur lequel il devait s'embarquer pour la France. Dans une lettre qu'il écrivait à son autre frère Nicolas, resté à Chambéry, Xavier dira sur ce départ : « Le chagrin de quitter un pays où il a été si bien traité, ...*l'avait abattu au point qu'il a vieilli de 10 ans dans ce dernier mois*... ...En descendant la rivière (la Néva) il a dit : *Adieu donc, beau Pétersbourg !* Nous n'avons presque pas parlé pendant la traversée. »

LIVRE VII

J. de Maistre et Louis XVIII

CHAPITRE I

J. de Maistre agent secret de Louis XVIII

Pendant son séjour en Russie, J. de Maistre servit non seulement Victor-Emmanuel Ier et le tzar Alexandre Ier, mais encore Louis XVIII, roi de France. Cela est si vrai, c'est que J. de Maistre avoue dans une lettre que l'Empereur de Russie le considérait comme un agent secret de Louis XVIII. Il était d'ailleurs courant dans le monde de l'émigration de servir plusieurs maîtres à la fois.

Les relations directes entre Louis XVIII et J. de Maistre, après l'incident désastreux de 1797, reprirent en 1804. A cette date, l'envoyé extraordinaire du roi de Sardaigne reçut du comte d'Avaray une demande de collaborer à la rédaction du manifeste royal au peuple de France en vue de protester contre l'usurpateur Bonaparte, couronné Empereur.

Cette demande de collaboration, J. de Maistre l'accueillit avec empressement et en profita pour envoyer au favori de Louis XVIII des remontrances sur son caractère et sur sa politique. Le ministre de Sardaigne était admirablement renseigné sur la chronique de la Cour de Louis XVIII émigré, par les nobles français réfugiés à St-Pétersbourg qu'il rencontrait dans les principales familles russes où ils avaient été très bien accueillis.

D'Avaray était le dévouement personnifié, mais il était défiant, soupçonneux et cependant crédule. En politique il était intransigeant, n'acceptait aucun changement dans les institutions royales et ne rêvait que châtiments inexorables au retour du roi. Son caractère difficile lui avait fait des ennemis terribles parmi les émigrés français. J. de Maistre, tout en rendant justice à l'attachement sans réserve, au dévouement héroïque, à l'inaltérable fidélité de d'Avaray pour son roi, ne considérait pas moins qu'en politique, il était un instrument mauvais. Il déclarera à son sujet : « Celui qui n'a pu dans aucun pays aborder aucun homme politique sans l'aliéner n'est pas fait pour les affaires » (1).

(1) Ernest Daudet : *Histoire de l'émigration* ; 3 vol., Paris, 1908 ; t. 2, p. 8.

D'Avaray accepta les remontrances de J. de Maistre sans se fâcher, estimant que « la blessure faite par un ami valait mieux que les caresses d'un flatteur ». C'était un succès pour le ministre de Victor-Emmanuel Ier.

*
* *

A l'occasion de cette collaboration, J. de Maistre se lia d'amitié avec le jeune représentant de Louis XVIII à St-Pétersbourg, le comte de Blacas d'Aulps, ancien officier. Quoique de quinze ans plus âgé, J. de Maistre fut conquis par l'esprit et la distinction impertinente du brillant émigré français qu'il chaperonna dans la haute société de St-Pétersbourg. Blacas fut de son côté complètement séduit par le *génie* de J. de Maistre. Plus tard, dans les *Soirées de St-Pétersbourg*, il se plut à faire parler son ami Blacas sous les traits du chevalier de B... N'allez pas en conclure que J. de Maistre ait joué au père noble vis-à-vis de Blacas. Il riait au contraire de ses aventures amoureuses, de son talent de moquerie et d'ironie légères. Maître et disciple vécurent, dans cette société russe si hospitalière, sur le pied de la plus grande camaraderie (1).

*
* *

Une des vues politiques de J. de Maistre était que tant que le Bourbon de Paris ne serait pas remonté sur son trône, les autres souverains, chassés de leurs Etats par la Révolution française, ne seraient pas restaurés dans leur puissance. Aussi souffrait-il de voir que le Tzar avec ses alliés n'avaient pas reconnu comme roi de France Louis XVIII réfugié à Mittau sous le nom de comte de Lille. Les coalisés auraient dû suivre, à son avis, l'exemple de Louis XIV à l'égard de Jacques II Stuart, qui, émigré en France, y fut jusqu'au bout traité en roi. C'est pourquoi il fut un de ceux qui conseillèrent à l'entourage d'Alexandre Ier d'obtenir de lui, un peu avant Friedland, qu'il rendît visite, en tant que tzar, au comte de Lille à Mittau. Cette visite eut lieu en mars 1807; elle impliqua par elle-

(1) Ernest Daudet : Op. cit., p. 160.

même reconnaissance du frère de Louis XVI comme roi de France.

*
* *

Après les désastres de Friedland et d'Eylau, J. de Maistre envoya à d'Avaray une série de lettres fort curieuses où il lui donnait les raisons *mystiques* d'espérer quand même. « Voici, sur ce chapitre de l'espérance, un passage de Bossuet que je veux avoir le plaisir de vous citer... Il dit dans un fragment de sermon : Quand Dieu veut faire voir qu'un ouvrage est tout de sa main, il réduit tout à l'impuissance et au désespoir : puis il agit. Mille fois cette pensée m'est venue en tête en songeant à vos affaires, qui sont celles du monde, sans pouvoir m'empêcher chaque fois, comme le fait immédiatement Bossuet : *Sperabamus* » (1). Il demandait donc à son ami de ne pas se laisser aller au découragement, de conserver sa force d'âme, nous dirions aujourd'hui son *cran*. C'est déjà la théorie des forces morales qu'il appliquera plus tard à la guerre dans les *Soirées de St-Pétersbourg*.

D'Avaray fit savoir à J. de Maistre que ses lettres étaient fort goûtées par Louis XVIII.

*
* *

Après Tilsitt, Blacas quitta brusquement Pétersbourg en juin 1808, afin de rejoindre son roi passé en Angleterre. J. de Maistre se chargea de régler les affaires personnelles de son jeune ami aussi bien dans le domaine matériel que, semble-t-il, dans le domaine sentimental ! (2).

A Hartweld, Blacas remplaça, auprès de Louis XVIII, d'Avaray, tombé gravement malade. La correspondance entre les deux amis devint très active. De Pétersbourg, J. de Maistre s'efforça, malgré les difficultés de communication, de renseigner le mieux qu'il put le favori de Louis XVIII sur les événements qui se produisaient en Russie et en Europe.

*
* *

Dans la période qui va de 1808 à 1811, c'est-à-dire d'Erfurt à la rupture de l'alliance franco-russe, J. de Mais-

(1) *Joseph de Maistre*, éd. Vitte, t. 10, p. 439.
(2) Ernest Daudet : *Joseph de Maistre et Blacas*, p. 90.

tre continua, sous Blacas comme sous d'Avaray, à répéter : *Sperabamus.*

Quand les premières nouvelles des succès des Espagnols révoltés arrivèrent à se répandre malgré la censure, J. de Maistre en manifesta sa joie à Hartweld. Il annonce que cette insurrection espagnole a « un caractère particulier qui la sort des événements vulgaires » (1). Mais l'étoile de Napoléon, après cette courte éclipse, resplendit à nouveau. Ce fut Wagram.

J. de Maistre s'empressa d'écrire à Hartweld pour que l'on n'y désespérât pas. Il redonne des raisons mystiques : « Vous avez vu la puissance autrichienne disparaître en trois mois comme un brouillard au matin. A-t-on jamais rien vu d'égal à 6 armées commandées par 6 princes, tous grands généraux et tous d'accord ; à cette invasion de l'Italie avant d'être sûr de rien en Allemagne ; à cette armée de Ratisbonne qui ne sait pas où est Buonaparte (vrai au pied de la lettre) et qui est écrasée en un instant pendant qu'une armée de 40.000 hommes écoute tranquillement le canon de l'autre côté du Danube et demande ce que c'est ; à ce général qui laisse traverser un fossé appelé Danube sans tirer un coup de fusil sur le *traverseur*, qui se retranche de l'autre côté et se laisse tourner..., etc..., etc... Enfin, mon cher Comte, miracles et toujours miracles. Il faut s'envelopper la tête comme César et laisser frapper... Vous me dites : N'y aura-t-il jamais un prince qui sache périr ? etc... Et qu'y gagnerions-nous, je vous prie ? Un malheur de plus. Jamais un prince ne se défendra contre un usurpateur. Tous ceux qui, dans les révolutions, ont voulu faire tête à l'orage, y ont perdu le trône et la vie. Il y a des raisons (honorables même pour eux) qui les rendent incapables de se tirer de ces épouvantables tourbillons. Je ne sais si c'est à M. le comte d'Avaray que j'écrivais un jour : *L'on ne saurait couper le fer.* Je ne m'en dédis pas. Voyez le Tyrol, voyez l'Espagne, c'est une vérité qui ne doit certainement pas humilier les souverains » (2). J. de Maistre concluait :

(1) Ernest Daudet : *Joseph de Maistre et Blacas*, p. 90.

(2) J. de Maistre rédigea dans le même temps un *Mémoire* pour demander au Roi d'Angleterre qu'il voulût bien donner au Roi de France une « très belle existence momentanée ; qu'en particulier, en attendant mieux, il lui restituât les Antilles et lui permît de gouverner ses îles », au lieu de laisser le souvenir du Bourbon s'éteindre comme roi, parmi les nouvelles générations françaises. Louis XVIII désapprouva ce *Mémoire*.

« L'édifice élevé par Bonaparte tombera » (1). Mais quand ? Ce sera long. Il faut que les Bourbons s'organisent pour durer. Il importe que les Princes de cette Maison se marient, aient des enfants afin d'assurer la permanence des successions royales lors des restaurations qui se produiront inévitablement.

Sur ce chapitre J. de Maistre n'en resta point aux vœux platoniques. Une lettre de Blacas nous apprend qu'il s'occupa effectivement de marier le duc de Berry avec la plus jeune des sœurs du Czar (2).

*
* *

Puis, voici qui est plus important et précis. Le 4 septembre 1810, M. de Blacas, sachant que J. de Maistre était « en mesure de tout dire » à Nicolas Romanzoff, chancelier et ministre des affaires étrangères du Tzar, le chargea d'offrir à la Russie une nouvelle alliance avec l'Angleterre par l'intermédiaire de Louis XVIII. Il lui envoie les conditions. A Londres on ne sera pas difficile et « en huit jours, une fois les conditions acceptées, Louis XVIII se charge de finir l'ouvrage » (3).

Le 9 avril 1811, de Blacas insiste à nouveau auprès de J. de Maistre, pour que cette alliance anglo-russe se conclut et que les propositions que connaît le Gouvernement russe fussent définitivement acceptées par lui.

Le 3 juillet 1811, J. de Maistre informa M. de Blacas qu'en Russie, un fort mouvement en faveur du renouvellement de l'ancienne alliance anglo-russe se manifestait. Les démarches les plus pressantes ont été faites en vue d'une rupture auprès du comte Nicolas Romanzoff. Mais le chancelier ne commande pas, c'est Alexandre Ier. Or, l'Empereur n'est pas dupe de Napoléon. Il sait qu'il faudra se battre, mais « il ne croit pas avoir, dans ce moment, un seul talent de général dans la main. Voilà pourquoi il se borne à faire des préparatifs sages et immenses ». J. de Maistre en donne l'assurance à son correspondant.

Le 30 août 1811, une lettre de J. de Maistre nous avertit qu'il a rempli auprès du comte Nicolas Romanzoff la mission dont l'avait chargé Blacas.

(1) Ernest Daudet : *Joseph de Maistre et Blacas*, p. 102-104.
(2) Ernest Daudet : *Joseph de Maistre et Blacas*, p. 110, 111 et 174.
(3) Ernest Daudet : *Joseph de Maistre et Blacas*, p. 118.

*
* *

A ceux qui douteraient encore que J. de Maistre fût en Russie un agent secret de Louis XVIII, nous renvoyons aux lettres que nous venons d'analyser (1).

CHAPITRE II

Une polémique religieuse entre J. de Maistre et Blacas

A partir du 3 juillet 1811, une polémique très vive s'engagea entre J. de Maistre et son ami Blacas pour amener Louis XVIII à condamner le gallicanisme, cher à la royauté et à l'Eglise de France.

L'ancien sénateur de Chambéry, depuis qu'au lendemain de Wagram le pape Pie VII avait eu l'audace d'excommunier Napoléon, maître de l'Occident, était revenu à une sorte d'ultramontanisme intégral. S'il avait blâmé durement Pie VII admettant, en 1804, de se rendre à Paris pour sacrer empereur Bonaparte, couvert du sang du duc d'Enghien, il ne conçut que de l'enthousiasme pour Pie VII préférant, en 1809, l'exil de Savone plutôt que d'admettre la confiscation des Etats pontificaux par le pouvoir impérial. Cette résistance du Pape émut J. de Maistre. Cette lutte entre l'Empire et la Papauté le passionna.

Napoléon essaya de se passer du Pape. Il trouva pour l'approuver des complices dans le clergé français, lequel était gallican. Il espéra même arriver à faire déclarer nulles les bulles d'excommunication. Le cardinal Maury, en vertu de la déclaration de 1682, accepta d'être nommé archevêque de Paris, en dehors de l'approbation du Souverain Pontife.

Le 17 juin 1811, Napoléon réunit à Paris 80 prélats en *Concile national*. Les prélats de ce Concile ayant reconnu

(1) Comme le montre la *Correspondance* de J. de Maistre, ce dernier fut encore en relation suivie avec Mgr de la Fare, agent de Louis XVIII à Vienne, pendant la période qui va de 1803 à 1807.

« qu'ils ne voyaient aucun moyen de se passer des bulles pontificales » pour l'institution des Evêques, Napoléon, furieux, dissout le Concile et fit arrêter un certain nombre de ses membres (10 juillet 1811).

J. de Maistre écrivit : « Un grand spectacle de cette époque est le *Concile de Paris*, qui ne montre jusqu'à présent ni l'intrépidité qu'on avait droit d'attendre de lui, ni la lâcheté que se promettait le Maître. La base du nouvel édifice que veut élever Napoléon est la célèbre *Déclaration du Clergé de France en* 1682 » (1).

A partir de cette année 1811, cette *Déclaration* devint la bête noire de J. de Maistre. Il commença à l'étudier et en vint à penser qu'elle était une source d'hérésie, qu'elle constituait un schisme. Il importait au plus vite que Louis XVIII condamnât le gallicanisme. Les Bourbons, qui avaient favorisé cette hérésie à partir de Louis XIV, payaient peut-être ce crime religieux de la Révolution et de la mort de tant de victimes innocentes ?... Qui sait ? Pourquoi pas ?

*
* *

Blacas ayant répondu à J. de Maistre, le 20 octobre 1811, que Louis XVIII ignorait que Louis XIV avait désavoué tardivement la déclaration gallicane de 1682 et qu'il tenait ce prétendu aveu comme « une invention des novateurs ultramontains », ce dernier envoya à son ami un *Mémoire* sur cette question. Ce travail était le résumé du pamphlet : *de l'Eglise gallicane*, qu'il devait publier en 1818 (2).

Sur cet envoi une polémique religieuse commença entre Hartweld et Pétersbourg.

Dès le 20 mars 1812, Blacas déclarait : « Soyez sûr..., mon cher Comte, que personne ne rend plus justice que moi à votre génie, à vos connaissances, à vos sentiments et que j'aime votre façon de penser autant que j'estime votre personne. *Mais, il est un objet sur lequel je ne puis céder*, ni à vos raisonnements, ni à votre profonde conviction. C'est les quatre fameux articles de 1682, que vous condamnez et *que je regarde au contraire comme renfermant tout ce qu'on a dit de mieux sur la puissance ecclésiastique.* » Confor-

(1) Edit. Vitte, t. XII, p. 42.
(2) Ernest Daudet : Op. cit., p. 126.

mément au 1er article de la déclaration de 1682, Blacas ne croit pas que le Pape fasse les rois, car alors, faisant allusion au sacre de Napoléon par Pie VII, le Pape « aurait eu le droit de faire ce qu'il a fait en France et il en résulterait que le sieur Buonaparte serait souverain légitime, puisqu'il a été reconnu et déclaré tel par le Pape ». Conformément aux trois autres articles de la dite déclaration, Blacas n'admet pas que l'Eglise soit une monarchie et que les Papes soient supérieurs aux Conciles. A l'appui de ses dires, Blacas envoyait à J. de Maistre de savantes dissertations historiques et théologiques. Il concluait sur cette pointe : « Je suis de votre avis sur plusieurs des torts que vous reprochez aux Français ; en général, très franchement, nous sommes une nation d'enfants mutins et entêtés. Mais, avouez, cher Comte, que votre esprit, en passant par les Alpes, ne vous a pas entièrement sauvé du péché originel » d'ultramontanisme. C'était clairement avertir J. de Maistre qu'il conseillait à Louis XVIII de pratiquer une politique religieuse contraire à la tradition royale française et que de tels conseils déplaisaient.

Quand J. de Maistre fut en possession de cette lettre théologique, il se trouvait à Polock, chez les Jésuites, dans ses nouvelles fonctions de ministre russe.

Le 20 septembre 1812, il envoya une réponse à Blacas, laquelle faisait suite à un récit de la bataille de Borodino.

Pendant le reste de la campagne de 1812, J. de Maistre continua à renseigner aussi scrupuleusement que possible Hartweld sur les événements militaires qui survenaient, d'après la documentation qu'il recueillait par son fils, son frère ou le grand-chambellan comte Tolstoï.

* * *

En février 1813, malgré le désastre de l'armée française en Russie, Hartweld ne croyait pas au succès définitif des Alliés sur Napoléon. Cependant, en prévision de la défaite impériale, Blacas demandait à J. de Maistre de rédiger un projet de proclamation de Louis XVIII aux Français.

A ce propos il protestait avec indignation que Pie VII, prisonnier à Fontainebleau de Buonaparte, fût prêt à le soutenir encore, moyennant, disait-on, la signature d'un nouveau Concordat et la restitution de Rome. Blacas se félicitait, en conséquence, d'avoir soutenu contre son ami et les libertés de l'Eglise gallicane et la non-infaillibilité du Pape (1).

C'était retourner le fer dans la plaie et raviver la douleur que J. de Maistre avait éprouvée quand il avait senti que Louis XVIII ne condamnerait jamais l'hérésie gallicane.

La polémique reprit donc. J. de Maistre reprocha à Blacas de raisonner comme un luthérien en niant que l'Eglise catholique fût une monarchie. Quant à l'infaillibilité « le dernier forfait du Saint-Père » ne serait pas pour l'embarrasser. Il s'élève contre les préjugés que les Français, sauf leurs théologiens, ont à l'égard de ce que les ultramontains entendent par l'infaillibilité du Pape. Ils déclarent très nettement qu'en cette matière, ils ne comprennent rien. Puis ce texte capital (2) : « Les inconcevables Français attribuent aux ultramontains l'opinion que le Pape est infaillible dans sa *conduite morale*. Quelle folie, cher Comte, quelle inconcevable folie ! Si le Pape est infaillible, Alexandre VI (3) l'était comme Pie VII (4). Que me fait à moi et que font à tout catholique sensé le sacre et le Concordat, etc., etc. Le Pape a-t-il mal fait ? Tant pis pour lui. Qu'importe à l'Eglise catholique ? (J'entends pour le dogme.) Remettez le Pape en liberté et demandez-lui si le fils est Dieu, si son corps est dans l'Eucharistie, si l'on peut invoquer les Saints : vous verrez ce qu'il vous répondra... *Pour le reste, s'il a mal fait, qu'il se confesse*... Les Italiens disent que le Pape est infaillible parlant *ex cathedrâ*... Le Pape parfaitement libre, environné de son Conseil, comme tout souverain, et décrivant, comme souverain pontife, *une question de foi*, ne se trompera jamais.

Blacas s'obstina et envoya à J. de Maistre une lettre de protestation prétendant que l'infaillibilité, même telle qu'il la définissait, était catholiquement contestée et que « les souverains pontifes n'ont jamais frappé d'anathème ceux qui la leur refusent avec l'Aigle de Meaux » (3 juillet 1813).

J. de Maistre craignit d'être allé trop loin. Aussi débute-t-il sa lettre du 1/13 septembre 1813 par cette phrase : « En vérité, mon cher Comte, je serais tout prêt à vous envoyer

(1) Ernest Daudet : Op. cit., p. 239.
(2) Ernest Daudet : Op. cit., p. 237 et suiv.
(3) Borgia.
(4) Qui sacra Napoléon empereur.

des larmes dans un flacon, pour effacer mes lettres, si je pouvais croire qu'elles contiennent des duretés à votre égard... Si j'ai mis un peu de chaleur dans cette discussion, outre qu'elle est tout dans ma plume, car je suis au fond le plus tolérant des hommes, ne l'attribuez, je vous prie, qu'au désir que j'aurais de ramener à la vérité un des hommes que je chéris et que j'estime le plus dans le monde ; et encore pour une raison moins visible, c'est que ces idées sont tout à fait contraire à nos plus chères espérances », c'est-à-dire à la reconstitution de l'unité chrétienne dans le catholicisme. Et J. de Maistre terminait sa lettre en invectivant les évêques français qui, pour faire leur cour à Louis XIV, avaient signé la déclaration de 1682 provoquant ainsi un schisme. Ils auraient été plus sages en ne posant pas ce problème théologique.

*
* *

Le 4/16 novembre 1813, J. de Maistre envoya à Blacas une esquisse de déclaration de Louis XVIII à son peuple de France. Il le renseignait sur la bataille de Leipzig et demandait à son ami de lui renvoyer les lettres qu'il lui avait écrites sur le Pape. Cela devait le faciliter pour écrire l'ouvrage qu'il méditait « sur le sujet le plus important et le plus ignoré de notre aveugle siècle ».

Cette lettre est la preuve que cette polémique religieuse, qui s'était développée dans la correspondance entre les deux amis, constitue bien l'origine du livre *Du Pape*, que J. de Maistre publiera en 1817 et qui lui vaudra une célébrité posthume.

Mais cette polémique devait avoir une autre conséquence en 1814. Logiquement, en cette année qui vit l'occupation de Paris par les armées alliées et la réunion d'un Congrès des puissances de Vienne, J. de Maistre aurait dû représenter à un titre quelconque à Vienne, soit Victor-Emmanuel Ier, soit Louis XVIII, soit même Alexandre Ier.

Dès juillet-août 1813, il avait acquis la certitude que, pour traiter de la paix, la Cour de Cagliari se passerait de ses services et, malgré ses relations avec Alexandre Ier, lui préférerait un noble piémontais (1). Alors il écrivit à Blacas, le 24 août 1813, pour offrir de servir Louis XVIII. Il s'expri-

(1) Mandoul : Op. cit., p. 163, note 5.

mait ainsi : « Les événements qui vont avoir lieu pouvant produire les chances les plus favorables en faveur du roi (Louis XVIII) et l'empereur Alexandre étant, à juste titre, le grand levier de ces événements, je vous préviens de nouveau, mon cher Comte, que s'il y a quelque chose de très marquant à traiter avec le souverain, *je crois pouvoir remplir le but par les voies directes ou indirectes qui sont le plus conforme à son caractère.* » Il demandait simplement qu'au cas où Louis XVIII lui donnerait une « commission extraordinaire soit auprès de l'Empereur, soit un jour hors du pays russe », à Hartweld on ne commette pas la faute psychologique de ne pas pressentir, au préalable, Alexandre Ier. Ce tzar le considère bien comme un agent secret de Louis XVIII, mais il ne l'a pas moins naturalisé sujet russe. Dès lors, il faut observer certaines formes « pour l'accréditer d'une manière convenable » au nom de Louis XVIII. Il sollicite cette mission d'autant plus volontiers, qu'il pourra indirectement contribuer à rétablir son ancien souverain, le roi de Sardaigne, et ce, malgré lui.

A Hartweld on fit la sourde oreille à cette proposition de J. de Maistre. La polémique antigallicane avec son ami Blacas y était certainement pour quelque chose... C'était écrit ! J. de Maistre ne devait pas assister au Congrès de Vienne.

CHAPITRE III

Première Restauration
Le Ministère de M. de Blacas — Waterloo

Le 3 mai 1814, Louis XVIII entrait à Paris en sa qualité de Roi de France. On peut dire qu'à partir de cette date, les idées de J. de Maistre ne cessent d'influer soit les Conseils du Roi, soit l'opinion publique française.

Le 13 mai, lors de la formation du Cabinet du Roi, Louis XVIII donna le ministère de sa Maison à son favori, le comte de Blacas, lequel ne tarda pas à jouer au premier ministre. Blacas écrivait le 14 août 1814 à J. de Maistre :

« Combien j'eusse été heureux de vous trouver ici, mon cher Comte ! Combien de conseils à vous demander, combien de sages avis à prendre de vous, combien votre esprit m'eut été utile, combien de services m'aurait rendus votre expérience et j'oserai ajouter votre amitié pour moi ! » (1).

Ce rôle de conseiller, nous savons que J. de Maistre l'aurait volontiers rempli. A St-Pétersbourg, il attendait d'un moment à l'autre à être appelé à Paris dans un poste important (2). Rien ne vint. Ce fut une déception dont il fit part à Blacas quand son ami eut perdu le pouvoir : « Non, sans doute, mon très cher Comte, je ne puis vous oublier ; mais vous bouder un peu, pourquoi pas ? L'amitié est soupçonneuse, et ce *défaut* lui fait honneur. Depuis que vous étiez sur votre piédestal, je croyais voir en vous un certain changement... Lorsque vous arrivâtes en France, ce fut une fête dans le milieu de mon cœur ; il me semble même que ma première lettre était tout à fait sur le ton triomphal. Ensuite je me mis en tête, je ne sais comment, que, d'une manière ou d'une autre, il *dépendait de vous de m amener à Paris.* Il me semblait qu'un coup d'œil quelconque, arrivé du côté où vous étiez, n'excédait pas les espérances légitimes d'un cœur élevé, sans être présomptueux. Mais chaque homme étant naturellement disposé à s'estimer trop, je ne refuse pas de me faire la leçon sur ce point. » C'était formule de politesse délicate ! J. de Maistre avait été profondément déçu.

Cette nomination à Paris aurait été d'autant plus admise par les royalistes français que J. de Maistre jouissait, en 1814, d'une très grosse autorité auprès de l'opinion publique. La restauration des Bourbons ne s'était-elle pas faite avec cette spontanéité qu'il avait prophétisée, dès 1796, dans son livre des *Considérations sur la France ?* M. Latreille a pu écrire (3) : « La France de la Restauration inscrivit les *Considérations* parmi les ouvrages qui aideraient à faire son éducation politique, l'édition de 1814 se présentait sous le patronage en quelque sorte officiel de Louis XVIII et l'auteur semblait entrer dans les conseils du nouveau gouvernement. »

---

(1) Ernest Daudet : Op. cit., p. 292.
(2) Edit. Vitte, t. XIII, p. 243.
(3) Latreille : *Joseph de Maistre et la Papauté* ; 1 vol., Paris, 1906, p. 239.

Dans le même temps, son providentialisme devenait à la mode.. Chateaubriand, dans son pamphlet : *De Buonaparte et des Bourbons*, dont le succès avait été foudroyant, reprenait à son compte la philosophie des *Considérations* pour expliquer la chute de l'Empereur. Ecoutez : « Ce ne sont point les hommes seuls qui ont conduit les événements dont nous sommes les témoins ; la main de la Providence est visible dans tout ceci : Dieu lui-même marche à découvert à la tête des armées et s'assied au Conseil des Rois. Comment, sans l'intervention divine, expliquer et l'élévation prodigieuse et la chute plus prodigieuse encore de celui qui naguère foulait le monde à ses pieds ? Il n'y a pas quinze mois qu'il était à Moscou et les Russes sont à Paris ; tout tremblait sous ses lois, depuis les colonnes d'Hercule jusqu'au Caucase, et il est fugitif, errant, sans asile : sa puissance s'est débordée comme le flux de la mer et s'est retirée comme le reflux... Pour le perdre, il a suffi à la Providence de l'abandonner et de le livrer à sa propre folie... »

***

Le retour de Bonaparte (17 mars 1815), la fuite de Louis XVIII à Gand, furent fatals au comte de Blacas, favori du roi. Il s'était fait deux ennemis redoutables dans la personne de Talleyrand et de Fouché qu'il entendait bien rendre à leurs études le plus vite possible (1). Mais ces deux crapules géniales avaient de nombreux tours dans leur sac et se cramponnaient. Talleyrand le fit accuser d'imprévoyance par les Alliés, Fouché fit circuler des accusations de concussion. Blacas, finalement, donna sa démission de ministre de la Maison du roi, le 27 juin 1815. Louis XVIII le nomma duc et ambassadeur à Naples. En outre, il lui accorda les fonds personnels qu'il avait en dépôt à Londres, soit 7 millions. C'était un dédommagement.

Après sa chute, Blacas déplora amèrement de n'avoir pas donné à J. de Maistre un poste dans l'entourage de Louis XVIII: « Que d'événements, que de peines, que de malheurs ! lui écrira-t-il. J'ai pensé bien souvent à vous ; j'ai regretté vivement. » Trop tard ! *Mea culpa* tardif ! M. de Blacas raconte alors sa chute. « Vous connaissez tous les événements qui m'y ont conduit, tous les cha-

(1) L. Madelon : *Fouché* ; 2 vol., Paris, 1903 ; t. II, 3e partie.

grins que j'ai éprouvés. Un mot explique bien des choses : l'envie, et je ne vous en dirai pas davantage pour vous faire connaître la cause du déchaînement auquel j'ai été en butte. Il faudrait que je puisse vous voir et causer avec vous, pour vous apprendre ce que la postérité aura de la peine à croire, si jamais elle en est instruite... — Au fait, cher Comte, vous me connaissez ; vous connaissez mes sentiments, mes principes, mon dévouement au roi et à sa cause, et vous ne devez pas être surpris que ceux qui voulaient chercher à détruire l'autorité royale, travaillassent à me nuire et à m'éloigner. Vous n'avez, non plus, pas été surpris que je ne fisse plus partie du ministère dans lequel des circonstances trop malheureuses, sans doute, avaient forcé le Roi à faire entrer un homme près duquel je ne pouvais m'asseoir. Il n'y est plus heureusement » (1).

Pour consoler son ami, J. de Maistre lui répondit : « L'eau n'est pas assez claire pour un poisson de votre espèce. Tant que la devise latine des monnaies n'est pas rétablie, tant que la potence n'a pas repris sa place, au préjudice de la guillotine, et tandis que cet honnête homme que vous ne pouviez supporter à vos côtés ne sera ni jugé, ni honni, ni chassé, vous êtes toujours en révolution » (2).

CHAPITRE IV

La Charte — L'Essai sur le principe générateur des Constitutions politiques

Après Waterloo et la deuxième Restauration des Bourbons, J. de Maistre, à son corps défendant, fut englobé dans l'opposition du groupe Chateaubriand-Bonald à la Charte. L'aventure vaut la peine d'être contée.

En juillet 1814, J. de Maistre, en relation épistolaire avec le vicomte de Bonald, lui adressa de St-Pétersbourg un opuscule qu'il dédiait « au siècle des constitutions » et lui demandait de le faire éditer à Paris. Ce manuscrit était celui

(1) Ernest Daudet : Op. cit., p. 295-296.
(2) Edit. Vitte, t. XIII, p. 245-246.

de l'*Essai sur le principe générateur des Constitutions politiques*. Or il arriva qu'au moment où Bonald le recevait, il avait chez lui M. de Fontanes, grand-maître de l'Université et admirateur zélé de J. de Maistre. Fontanes prêta ce manuscrit à d'autres. Peu après l'*Essai* paraissait en librairie joint aux *Considérations*, dont une nouvelle édition était lancée cette fois avec le nom de J. de Maistre sur la couverture. Ce succès à Paris fut une source d'amertume pour le représentant du roi de Sardaigne à St-Pétersbourg. Il recevait, en effet, un avis de la censure française, « laquelle, tout en permettant l'impression de l'ouvrage, en parle cependant de la manière la plus méprisante et la plus colérique en le présentant comme une attaque dirigée contre la Constitution française ».

Cet avis plongea J. de Maistre dans la colère et les alarmes. Il écrivit à Bonald pour le gronder, à Blacas pour lui reprocher son manque de vigilance. « Ce jugement de la censure, écrit du style le plus amer, m'annonce de la manière la plus claire que j'ai déplu au gouvernement. Comme si je voulais déplaire au gouvernement, moi qui l'ai loué, défendu, célébré, lorsqu'il n'y avait rien du tout à gagner à prendre ce parti ! »

Les pressentiments de J. de Maistre étaient justes. La publication de son *Essai sur le principe générateur des Constitutions politiques* le rangeait fatalement dans le camp des ennemis de la Charte. Par là-même, il devait déplaire à Louis XVIII, pour lequel elle était un traité de paix, un gage de tranquillité « et qui ne cachait pas son ferme propos de s'y tenir ». Aux yeux du Roi, la charte qu'il venait d'accorder aux Français « n'était pas une loi transitoire, une concession passagère à l'esprit public, une satisfaction aux exigences du Sénat, mais un acte définitif destiné à consolider la monarchie loin de l'affaiblir » (1). J. de Maistre, venant affirmer qu' « une des grandes erreurs du siècle, qui les professa toutes, fut de croire qu'une constitution politique pouvait être écrite et créée *a priori*, tandis que la raison et l'expérience se réunissent pour établir qu'une constitution est une œuvre divine, et que ce qu'il y a précisément de plus fondamental et de plus essentiellement constitutionnel dans les lois d'une nation ne saurait être écrit » se mettait en opposition directe avec la volonté et la politique de Louis XVIII.

(1) De la Gorce : *Louis XVIII* ; 1 vol., Paris, 1926, p. 296.

J. de Maistre devait d'autant plus déplaire que, dans l'entourage royal, il n'avait plus Blacas pour le défendre. Que, d'autre part, le groupe des ultramontains royalistes, qui, à la Chambre introuvable, se proclamaient ses disciples, était fortement critiqué et accusé d'irrespect vis-à-vis du Roi. Le voyage que J. de Maistre fit en 1817 allait lui permettre de mesurer sa disgrâce.

*
* *

Le 24 juin 1817, à 6 h. du soir, J. de Maistre arrivait de Calais dans « la grande Lutèce, cette sage, folle, élégante, grossière, sublime, abominable cité avec laquelle il avait longtemps cru ne jamais faire connaissance » (1). Le lundi 7 juillet, il obtenait une audience particulière de Louis XVIII. Le mardi 8 il était présenté diplomatiquement, c'est-à-dire officiellement, au Roi de France et aux Princes. Le 13, il fut reçu en audience particulière par Madame la Duchesse d'Angoulême qui remplaçait la Reine de France... Mais l'accueil fut plutôt froid : « Madame la Duchesse d'Angoulême... traita avec beaucoup de bonté mon frère l'Evêque d'Aoste, un jour qu'il était allé prêcher à Bordeaux. Un jour, entre autres, elle lui dit : Monsieur l'abbé, le livre de Monsieur votre frère a contribué en grande partie au rétablissement de ma famille. De toute fatuité, *libera nos, Domine.* Mais, c'est seulement pour vous dire, Monsieur le Comte, que lorsque j'eus l'honneur d'être présenté, l'année dernière, à cette auguste personne, elle ne me dit pas un mot de ce livre. Il est bien permis de voir ici un ordre exprès. Mais ce n'est pas le tout : lorsque je *lui* fus présenté, il ne m'en dit rien et même il affecta de me parler du *Voyage autour de ma chambre*, dont il s'agissait très peu dans cette occasion. C'était une manière assez ingénieuse de dire sans le dire : Quant à vous, je n'ai rien à vous dire. En me rappelant tout ce qui s'était passé, j'avais bien droit d'être un peu surpris. J'ai tout attribué à ma profession de foi anticonstitutionnelle, si mal à propos réimprimée, sous mon nom, par je ne sais quelle main ennemie. Ma foi, je ne sais qu'y faire. Je n'en devins pas moins nigaud, comme je me suis donné l'honneur de vous le dire » (2).

---

(1) Ernest Daudet : Op. cit., p. 313.
(2) Ernest Daudet : Op. cit., p. 349-350.

Le 7 août 1817, J. de Maistre quittait Paris à 6 h. du matin, se dirigeant sur Lyon et Chambéry. Son départ fut triste. Il disait définitivement adieu au rêve qu'il caressait, sans oser trop l'avouer, d'être employé à la Cour des Bourbons de France. Ses regrets étaient d'autant plus amers qu'il avait été accueilli d'une façon flatteuse dans les salons parisiens où il avait rencontré beaucoup de gens qui, sans l'avoir vu, ne l'en connaissaient pas moins par ses écrits ou par ceux de son frère. Il en coûte quelquefois d'être auteur !

LIVRE VIII

Le retour de l'Emigré

CHAPITRE I

J. de Maistre revoit la Savoie et le Piémont

J. de Maistre, le 11 août 1817, était à Lyon. Le 14, il arrivait à Chambéry. Il n'y resta pas longtemps. Le 21 au soir, il partait pour Turin.

Sur son passage à Chambéry, J. de Maistre écrivit à son ami le comte de Blacas, ambassadeur de France à Rome : « J'ai passé six jours chez moi en venant ici. J'ai trouvé vingt maisons nobles, au moins, fermées, dans une ville de 12.000 âmes, toutes mes connaissances mortes ou dispersées, les hideux acquéreurs (de biens nationaux) à la place de tout ce que j'avais connu et aimé. Allons cependant, peu importe, encore quelques jours et tout est dit » (1). Mais il n'y avait pas eu que des misères. Il y avait eu aussi des joies à ce retour. A Mme Swetchine il donnait en effet un autre son de cloche. « J'ai été chez moi, où j'ai passé six jours dans une espèce *d'enchantement continuel*, environné de frères, de sœurs, de neveux, de nièces, de cousins, de cousines, *caressé*, *fêté*, *célébré*, *gâté d'une manière inconcevable* » (2).

*
* *

Sur l'accueil qu'il reçut à Turin, J. de Maistre parle dans une lettre à M. de Bonald : « Je ne connais point encore les intentions du Roi à mon égard. Je suis fort bien traité à la Cour, mais sans prévoir ce que tout cela signifie; il est vrai que je n'y tâche pas. Je n'ai pas fait une demande, ni une visite *intentionnelle*. Ma philosophie fait rire le Roi, qui me dira son secret quand il le voudra. En attendant, le public, dans sa bonté, me donne tous les jours un emploi auquel il ne manque que des *lettres patentes* de nomination (3).

(1) Ernest Daudet : Op. cit., p. 351

(2) De Falloux : *Mme Swetchine*, t. I, p. 209.

(3) Edit. Vitte, t. XIV, p. 115.

Une lettre du chargé d'affaires de France à Turin nous fait connaître, à la date du 16 janvier 1818, que si J. de Maistre vient d'être nommé Premier Président honoraire avec 7.000 francs de traitement et le titre d'Excellence, il le doit à l'intervention de l'Empereur de Russie (1). Peu après, M. de Blacas incitait J. de Maistre à demander le poste d'ambassadeur de Sardaigne près du Pape.

Blacas assuma du reste l'essentiel des démarches. Il vit le titulaire sarde de ce poste à Rome et sollicita l'ex-roi de Sardaigne, Charles-Emmanuel IV, retiré dans le couvent des Jésuites, d'intervenir à Turin en faveur de son ami J. de Maistre.

* * *

En août 1818, un grand chagrin atteignit J. de Maistre. Son frère André, qui venait d'être nommé évêque d'Aoste, mourut après cinq jours de maladie. Il en envoya la nouvelle à Blacas : « Votre lettre est arrivée dans un des moments les plus pénibles de ma vie. Je viens de perdre le plus aimable et le plus aimé des frères, le nouvel évêque d'Aoste, mort dans mes bras après une maladie assassine de quatre ou cinq jours, que personne n'a connue. Ah ! mon cher Comte, quelle perte ! Elle empoisonne le reste de ma vie. Je ne vous parle pas du mérite de ce frère, de son éloquence, de ses travaux apostoliques, de son amabilité... Toute ma famille est atterrée de ce coup, et moi en particulier j'en suis demeuré presque hébété. Ce malheur, ajouté à tant d'autres, m'a conduit à un état d'apathie et de dégoût dont je n'avais pas d'idée » (2).

Ses « autres amertumes » pour J. de Maistre, c'est qu'il commence à être fort inquiet sur sa situation matérielle. Est-ce que les temps de l'émigration continueraient ? Récompenserait-on les *fidèles* par la ruine pure et simple ? J. de Maistre avoue qu'il n'a plus que 36.000 livres en poche. Ce capital, joint aux 7.400 de traitement qu'il a, est insuffisant pour assurer sa subsistance à Turin. Il regrette qu'on ne lui ait pas dit aussitôt qu'on ne voulait le nommer qu'à la Première Présidence du Sénat de Savoie. Il en aurait pris son parti, et se serait installé tout bonnement à Chambéry. Il aurait économisé pas mal de frais. Il en faisait confidence à Blacas. « Mon frère aurait pu pousser un peu ma barque,

(1) *Les Carnets*, p. 235.

(2) Ernest Daudet : Op. cit., p. 348.

il a disparu. Si cet état de suspicion dure encore, en vérité, je ne sais ce que je deviendrai. Vous voyez, Monsieur le Comte, que votre pauvre ami n'est pas couché sur des roses. J'ai voulu profiter d'une occasion sûre pour vous faire ce détail, afin que vous sachiez bien à quoi vous en tenir. La froideur qui suit de si longs services, les privations, les terreurs de l'avenir, la mort de mon frère, l'âge qui s'avance, d'excellents enfants qui font tout pour moi sans que je puisse rien faire pour eux, la nature du gouvernement, la jalousie des langues qui font de moi une espèce d'étranger, tout cela, mon très cher Comte, me jette dans un état cruel. Je tâche cependant de ne pas me laisser abattre. L'étude, les jouissances domestiques, qui ne sauraient être plus grandes, et quelques distractions mondaines, me suffiront pour passer le reste de mes jours d'une manière tolérable » (1).

Cette « jalousie des langues », c'était l'éternelle rivalité au sein de la monarchie de Sardaigne entre les nobles piémontais qui parlaient l'italien et les nobles savoyards qui parlaient le français. Les ennemis de J. de Maistre se groupaient autour du comte de Vallaise, ministre des affaires étrangères à Turin. Ils travaillaient à le priver de tout grand poste dans la diplomatie. Ils lui reprochaient d'avoir été, en Russie, davantage le représentant de Louis XVIII que de Victor-Emmanuel Ier.

Le 15 décembre 1818, J. de Maistre obtenait néanmoins satisfaction partielle. Il était nommé *Régent de la Grande Chancellerie* à Turin et *Ministre d'Etat.* Par le premier de ces grades, il était à la tête de la magistrature et au-dessus des premiers présidents. Le titre de ministre d'Etat ne lui procurait pas un ministère, mais une place honorifique, à la Cour, pour lui et sa famille.

*
* *

Au cours de l'année 1819, J. de Maistre, fatigué de lutter contre les mêmes préjugés et aussi las de la vie, songeait réellement à retourner en Savoie où il comptait retrouver son appartement de la place St-Léger et ses terres... Il est d'ailleurs plein d'espoir sur l'avenir de la Savoie et son rôle dans la monarchie sarde restaurée. Il

(1) Ernest Daudet : Op. cit., p. 356.

disait au vicomte de Bonald : « Je suis très content de ma Savoie ; elle présente de grandes espérances dans tous les genres, et surtout une *volée* de jeunes gens parfaits en principes et en talents ; ils se font remarquer ici dans les collèges, à l'Académie, à l'Université, partout enfin » (1).

Le retour en Savoie pour J. de Maistre n'était possible qu'avec la restitution de son patrimoine confisqué et vendu par la Révolution. Avec la pension que le Roi lui aurait accordée et les revenus de ses terres, il pouvait espérer vivre dans une retraite décente.

A la suite de la décision prise par Victor-Emmanuel Ier de ratifier les ventes de biens nationaux, tout espoir de retrouver ses biens en Savoie fut enlevé à J. de Maistre. Ce fut pour lui une vraie douleur, la fin de ses projets de retour au pays natal.

Le 29 mai 1819, il communiquait ses impressions à son ami de Blacas : « Je ne dois plus me faire illusion ; il n'y a plus d'espérance pour moi ; la fortune est femme, elle n'aime que les jeunes gens. Pendant longtemps j'ai pu me flatter de deux influences qui m'auraient sauvé : par des raisons bien différentes, l'une et l'autre m'ont manqué. Seul et sans appui, je ne peux vaincre l'opposition sarde qui redoute mes opinions, et qui est bien plus forte que le Roi. Sa main vient enfin de signer notre spoliation définitive en Savoie et à Nice. Le parti qui désirait cette signature avec une ardeur toute puissante, l'a obtenue enfin sous le voile d'une indemnisation partielle, et que je crois tout à fait illusoire : le père commun a cru bien faire, c'en est assez pour justifier ses intentions. Après lui avoir sacrifié nos biens et nos personnes, notre devoir est de lui sacrifier les révoltes de notre cœur et de le servir avec un redoublement de zèle digne de nous, car le Roi trompé n'est pas moins notre Roi.

« Ce grand procès perdu me rend cependant ma chère patrie insupportable ; je resterai donc ici si je le puis. Heureux père et heureux époux, je suis toujours bien chez moi, et c'est un grand article ; ajoutez les livres, vous trouverez que c'est assez pour m'acheminer tout doucement vers *le diocèse de mon pauvre frère.*

« En vivant comme vous l'avez vu, c'est-à-dire en capucin bien élevé, j'ai fait quelques économies : je compte m'en servir pour acheter un jardin avec une maison au milieu,

(1) Edit. Vitte, t. XIV, p. 167.

où je puisse vivre enfin, et *mourir même*, si je veux, sous un toit qui m'appartienne ; voilà toute mon ambition » (1).

Dès cette époque, J. de Maistre est bien décidé à acheter en Piémont, avec l'indemnité qu'il touchera au titre d'émigré, un domaine où il se retirera. A Blacas (2), qui lui avait offert un prêt de 1.000 louis, afin de lui permettre d'échapper au spectacle de l'ingratitude dont il était l'objet et de se faire une retraite honorable, il répondit, en mai 1819, qu'il n'accepterait cette somme que lorsqu'il marierait sa fille ou acquérait une terre (3).

CHAPITRE II

J. de Maistre reprend son rêve religieux — Du Pape

(1817)

Depuis le début de l'année 1817, J. de Maistre avait achevé la rédaction de son livre *Du Pape*. De ce manuscrit il était fort inquiet. La matière était délicate pour un laïque. En Russie, il n'avait travaillé qu'avec des ouvrages de seconde main ; aussi craignait-il d'avoir commis des erreurs et des fausses interprétations ? Il cherchait quelqu'un d'autorisé qui pût revoir au besoin son texte.

Il crut avoir trouvé ce personnage dans Chateaubriand. A son passage à Paris, il fit remettre par la duchesse de Duras le manuscrit *D Pape* à l'auteur du *Génie du Christianisme*. Chateaubriand se récusa de façon tout à fait flatteuse. « Ce n'est point à l'écolier de toucher au tableau du maître », lui écrivit-il (4).

C'est alors que J. de Maistre songea à s'adresser à ses anciens compagnons de l'Ecole de Théologie de Lausanne, dont nous avons parlé au chapitre I du livre III.

***

(1) Edit. Vitte, t. XIV, p. 173.

(2) Ernest Daudet : Op. cit., p. 359.

(3) Ernest Daudet : Op. cit., p. 360.

(4) Ed. Biré : *Mémoires d'Outre-tombe*, t. IV, p. 487-489.

Qu'était devenu, depuis 1797, ce groupe énergique d'ultramontains savoisiens ?

Le doyen de Thiollaz et l'abbé Rey étaient vicaires généraux de l'évêque de Chambéry. Ils lurent le manuscrit *Du Pape*, « y indiquèrent quelques corrections, et redressèrent quelques erreurs théologiques », mais se déclarèrent impuissants à trouver un éditeur.

Après eux, J. de Maistre s'adressa à l'abbé Vuarin, un des plus jeunes et des plus brillants parmi les prêtres réfractaires savoisiens réfugiés à Lausanne. L'abbé Vuarin avait été un des missionnaires les plus imprudents du département du Mont-Blanc sous la Révolution. Revêtu d'un costume de sous-officier de cavalerie de l'armée française, il n'avait, au temps de la grande Terreur, sous le Directoire, cessé de parcourir à cheval la Savoie et d'y exercer le culte catholique. En 1817, l'abbé Vuarin était curé de Genève. C'était un poste d'honneur où il luttait et soutenait des controverses incessantes avec les pasteurs protestants et le parti des momiers. De Genève, Vuarin travaillait encore à Londres à la fusion des Eglises anglicanes avec l'Eglise de Rome. Il rêvait lui aussi de rétablir l'unité du christianisme (1). Vuarin ayant lu le manuscrit *Du Pape*, le soumit à un autre réfugié ecclésiastique savoisien à Lausanne, l'abbé Besson, pour lors vicaire général de l'Eglise de Lyon.

Ce fut Besson qui trouva un éditeur dans la personne du libraire Rusand, de Lyon, et un correcteur dans celle de Guy-Marie de Place, laïque très versé dans la théologie.

*
* *

De Place était originaire de Roanne où il était né en 1772. A Lyon, il était professeur particulier. Il avait écrit de nombreux articles de critique littéraire et des brochures politiques où il prenait la défense de l'Eglise catholique. Il était devenu un collaborateur de l'abbé Vuarin dans ses polémiques écrites contre les protestants de Genève.

De Place fut, pour le *Pape*, plus qu'un correcteur, presque un collaborateur de J. de Maistre (2). « Il obtint, dit M. Latreille, des atténuations, des changements de toute espèce et la refonte de certains passages. Le texte imprimé ne nous

---

(1) *Revue des Deux-Mondes* (15 octobre 1905).

(2) Latreille : Op. cit., p. 120.

apporte qu'un écho affaibli de la grande colère de J. de Maistre contre les ennemis de la Papauté ; les violences éclataient furieuses dans la version primitive ; les à peu près, les inexactitudes, les erreurs mêmes s'y entassaient pêle-mêle. Ici, le développement était étranglé et se présentait sous la forme d'une énigme indéchiffrable ; là, le paradoxe, procédé cher à ce disputeur, se perdait dans la bizarrerie ; à son insu, l'auteur tombait dans les procédés des pamphlétaires et ne reculait devant aucune hyperbole ; son *Pape* était un réquisitoire véhément, où étincelaient les pensées pénétrantes, organisées par l'épigramme ou éclairées par l'image. » De Place eut assez d'autorité « pour provoquer une foule d'adoucissements ». Il eut le talent d'alarmer l'auteur « sur l'effet que produirait un ouvrage aussi violent» ; il mit ce succès au prix, si l'on peut dire, de sages atténuations. J. de Maistre lui écrivait vers le 20 juin 1818 : « Si vous persistez dans l'opinion que l'ouvrage peut faire du bien, alors, Monsieur, il ne s'agira plus que des améliorations. Je commence par vous dire qu'étant fort attaché à votre nation en général, à laquelle j'appartiens par la langue (c'est tout au fond), et de plus, ayant la plus haute idée de votre clergé, je ne veux choquer ni l'une ni l'autre, mais que je veux absolument leur dire la vérité, au hasard cependant de les faire un peu *crier*. J'espère qu'un *chirurgien* n'est pas un *bourreau*... Si donc je n'avais pas effacé tout ce qui vous paraîtra dur ou offensant sans raison, je vous prie, Monsieur, d'y suppléer *tranverso calamo :* j'approuverai tout. »

Malgré ce qu'il en dit, le sacrifice de certaines épithètes dut particulièrement coûter à J. de Maistre. Il s'était fait une rhétorique de la violence afin d'étonner Paris ainsi qu'il en donna confidence un peu plus tard à Lamartine. Certains évêques français, les parlementaires de l'ancien régime, Bossuet, étaient copieusement «engueulés», comme nous disons aujourd'hui. Toutes ces colères, toute cette verdeur, toute cette vie disparurent du texte *Du Pape*. Nous le regrettons pour J. de Maistre qui aurait ainsi bien mieux apparu comme le premier des polémistes catholiques du XIXe siècle, le prédécesseur immédiat de Veuillot.

Ce travail de correction et de mise au point de l'ensemble du manuscrit *Du Pape* demanda à J. de Maistre deux ans de travail. Notre auteur avait passé par bien des crises de découragement. Soutenu par les abbés Besson et Vuarin, il les surmonta. Finalement, le *Pape* parut en fin décembre

1819 ; mais le livre V sur l'*Eglise gallicane*, nécessitant des corrections trop importantes, J. de Maistre l'en détacha pour l'éditer plus tard.

*
* *

Le *Pape*, qui devait, dans la suite, faire de J. de Maistre une sorte de *Père de l'Eglise*, n'eut d'abord à Paris qu'un succès très limité.

Le gouvernement français « donna l'ordre aux journaux qui acceptaient sa direction, de ne pas signaler au public le livre *Du Pape* ». D'autre part, ce livre semblait avoir manqué son heure. En 1817, il aurait eu un plus grand succès, peut-être même un très grand succès, parce qu'à cette époque les esprits, à Paris, étaient échauffés par la question brûlante du Concordat nouveau que M. de Blacas négociait à Rome. Mais, en 1819, cette question n'était pas actuelle. Seul, en France, le petit groupe des ultramontains royalistes, réunis par Chateaubriand autour du journal le *Conservateur*, salua l'apparition *Du Pape* comme celle d'un grand livre.

Le 25 janvier 1820, Chateaubriand ayant reçu un exemplaire *Du Pape*, écrivait à son auteur une lettre, qu'a retrouvée M. Ernest Daudet (1), et dans laquelle il disait : « M. le Comte, je m'empresse de vous remercier de votre beau présent. J'en connaissais déjà toute la valeur ; mais les écrits d'un homme tel que vous méritent d'être lus et relus, et doivent être jour et nuit feuilletés. Nos libéraux vous insulteront sans doute, mais ces messieurs sont aussi méchants juges qu'ils sont mauvais citoyens. Vous avez pour vous tout ce qui fait la loi : les honnêtes gens, les gens de goût et la postérité... Le *Conservateur* se fera un devoir d'annoncer votre important ouvrage. Si vous avez quelques ordres à donner dans ce pays, veuillez me prendre pour votre correspondant, et croire que je suis l'admirateur le plus sincère de vos bonnes qualités. »

Le *Conservateur*, sur ces entrefaites, disparut. Ce fut le *Défenseur* qui le remplaça avec, pour principaux rédacteurs, Bonald, Lamennais, Saint-Victor, Genoude, etc. Le jeune abbé de Lamennais consacra trois articles au *Pape*, en juin 1820. Dans ce long compte rendu, Lamennais faisait l'éloge de J. de Maistre homme d'Etat et théologien. Quant

(1) Ernest Daudet : Op. cit., p. 316, note 1.

à Bonald, il informa son ami de Maistre de l'appréciation flatteuse de M. Fontanes sur le *Pape*.

Tandis qu'à Paris le monde officiel organisait autour *Du Pape* la conspiration du silence, à Chambéry, au contraire, ce livre rendait célèbre le nom de J. de Maistre. L'ancienne Ecole de Théologie de Lausanne triomphait. Les deux vicaires généraux Rey et de Thiollaz publièrent, dans le *Journal de Savoie*, trois articles étendus.

Quant à Rome, elle garda à l'égard *Du Pape* une attitude prudente, pleine de réserve (1).

CHAPITRE III

Regain de fortune
(1821)

En fin 1819, J. de Maistre connut un regain de fortune à la Cour de Turin. Le comte Borgarelli, ministre de l'intérieur, avait accumulé tant de maladresses et de sottises, qu'il avait mécontenté toutes les classes du royaume. Noblesse, bourgeoisie, tiers état, se plaignaient de l'arbitraire de la justice, du militarisme, du désordre financier. J. de Maistre, avec le comte Prosper Balbo, apparaissait comme un des espoirs du parti des réformes. Victor-Emmanuel Ier, pressé par l'opinion publique, dut faire appel à leurs services. Le 28 octobre, J. de Maistre en prévenait son ami de Blacas. « Il vous souvient peut-être, Monsieur le Comte, de ce que j'eus l'honneur de vous mander un jour au sujet de ma destination présumée. Je ne puis douter,

---

(1) J. de Maistre, poursuivant toujours inlassablement son rêve religieux, conseillait, en 1817, à son amie, Mme la duchesse de Cars, d'accepter pour son mari le poste d'ambassadeur de Louis XVIII auprès d'Alexandre Ier. Il fallait que quelqu 'un fît comprendre au Tzar la pensée catholique, afin qu'il puisse réparer les conséquences néfastes de son ukase contre les Jésuites. J. de Maistre avait toujours tenu à la diplomatie des femmes. Aussi pressait-il la duchesse de Cars, ultramontaine décidée, d'aller à Saint-Pétersbourg.

en effet, que je n'aie été ministre de l'intérieur pendant plusieurs jours. Mais c'est tout. Comme ailleurs, un parti dominant a fait tourner la chance et la place a été donnée au comte Balbo, ci-devant ambassadeur en Espagne et ministre d'Etat comme moi. Probablement on m'a rendu service, cependant je ne voudrais pas répondre en mon âme et conscience que ce fût l'intention de ceux qui ont fait tourner le vent. Au reste, on ne pouvait faire un meilleur choix que celui de M. le comte Balbo. De tout mon cœur, je lui aurais donné ma voix. Les circonstances m'appellent maintenant à la place de garde des sceaux. Elle est due, à ce que tout le monde dit, à ma qualité de ministre d'Etat, mais l'esprit souffle où il veut. Hélas ! Monsieur le Comte, *qu'est devenu le temps où j'étais inscrit dans un certain grand livre ?...* » (1). Allusion non douteuse au fameux *dossier secret* qui l'avait toujours desservi dans sa carrière. Le 13 décembre 1819, il revient sur cette idée et, toujours étonné de la faveur dont il jouit maintenant parmi les Piémontais, il annonce à son ami de Blacas qu'on lui a « à peu près pardonné le crime » ou les crimes dont il aurait été coupable.

Mais J. de Maistre ne croit pas à toutes ces caresses de Cour. « Ici, il y a de belles apparences, de beaux titres qui se battent avec la fortune, et dans le fond, rien de solide » (2).

S'il reste cependant dans les dignités quoique n'ayant pas de fortune, s'il « nage dans le courant des affaires » à l'âge où il « serait en droit de les quitter », c'est pour ses enfants. Sans eux, il « s'en irait dans le désert ». Il a bien procuré à son fils aîné Rodolphe un *état*, il voudrait lui laisser néanmoins une *terre*. C'est une conviction ancienne qu'il a ancrée dans le tréfonds de son cerveau. Il y tient avec une ténacité paysanne. L'acquisition de ce domaine aura encore un autre avantage : il lui permettra d'avoir, comme il le dit, « un tabernacle » pour sa retraite.

*
* *

Sur ce, J. de Maistre marie à Valence son fils Rodolphe, devenu colonel à l'état-major de l'armée sarde, avec la fille aînée du marquis de Syager, ancien officier de la ma-

---

(1) Ernest Daudet : Op. cit., p. 374-375.
(2) Ernest Daudet : Op. cit., p. 390.

rine royale. Ce mariage, à son dire, réunissait toutes les convenances et promettait d'être heureux. Mais « tout mariage est un coup de dés », concluait J. de Maistre. Je ne me flatte point trop, malgré l'excellence de la demoiselle ».

Le 23 août 1820, il annonçait à de Blacas : « Je suis dans la plus grande des attentes : le jeune couple va m'arriver. Quel moment pour un bon papa ! On me dit que la nouvelle dame commence à être un peu incommodée. La chose est très possible et j'approuve tout ce qui a été fait pour amener la maladie. Je n'aurais pas osé vous tenir ce propos lorsque vous étiez garçon, ne sachant rien de rien : mais, à présent, il n'y a pas d'inconvénient » (1).

***

Sur ces entrefaites encore, J. de Maistre trouva enfin à acquérir un domaine en Piémont. Il en fait part aussitôt à de Blacas, lequel avait offert de lui prêter 1.000 louis : « Je suis donc votre débiteur ! Qui me l'aurait dit ? C'est une belle conquête pour moi, mon très cher Comte, que celle de votre grand cœur. Une première acquisition de 136.000 francs commence mon établissement dans le pays pour lequel je n'étais pas né ; car je devais vieillir dans mes montagnes. Mais à l'époque où nous vivons les hommes sont menés par une force qui les entraîne et la raison ne sert de rien » (2).

Cet enracinement en Piémont lui coûte, surtout à cause de la langue. Il ne parlera plus français comme en Savoie, et il le regrette. Cependant le devoir de la noblesse est d'avoir une terre, de restaurer les vieilles demeures. Il déplore que les vieilles familles, en Savoie et en Piémont, vendent leurs domaines pour se « jeter sans trop savoir comment à Turin ». Il compte que trente familles nobles de Chambéry ont quitté leurs maisons. « Bientôt, la terre ne supportera plus que des groupes et le peuple ne verra plus les familles antiques... Je pense tout comme vous sur les restes précieux des anciennes habitations. Si j'avais l'honneur de porter un nom historique (dans un grand pays surtout), je défendrais la dernière pierre » (3).

(1) Ernest Daudet : Op. cit., p. 389.
(2) Ernest Daudet : Op. cit., p. 392.
(3) Ernest Daudet : Op cit., p. 393.

Devenu Piémontais, J. de Maistre est plus que jamais anti-autrichien. Il craint pour la royauté sarde, comme pour le reste de l'Italie, la politique de conquête de Metternich qui, sous prétexte d'intervention en faveur des maisons régnantes, tend à asservir toute la péninsule à l'Autriche. « En songeant à certaines positions, et au défaut d'équilibre, je frissonne... Qui sait ce qui se machine à Trappau... Priez pour nous, cher Comte, vous qui êtes près des belles églises » (1).

CHAPITRE IV

Mort de J. de Maistre

La mère de Lamartine, qui avait vu J. de Maistre en Savoie lors du mariage de son fils avec Mlle Birch, notait déjà dans son *Journal*, en fin mai 1820, « qu'il paraissait assez malade » (2).

Dans une lettre du 22 janvier 1821, lui-même annonçait qu'il avait été fatigué et qu'il était resté étendu plus d'un mois, à peu près paralysé des deux jambes (3). Cependant, le 21 février, il dictait encore une lettre pleine de verve au marquis d'Azeglio pour le remercier de l'envoi d'un panier de raisins.

Durant ses derniers jours, il demandait qu'on lui lût l'*Imitation* et la *Bible* dont il ne pouvait entendre certains passages « sans pleurer d'admiration ». Le 25 février, il se fit lire le IVe chapitre de St Jean (celui de la Samaritaine), le psaume 28 dans lequel David célèbre la personne de Dieu qui foudroie les cèdres du Liban, donne la force avec la paix à son peuple, et enfin le 1er chapitre du livre IV de l'*Imitation* sur les bienfaits de l'Eucharistie (4).

(1) Ernest Daudet : Op. cit., p. 394.
(2) Barthou : *Autour de Lamartine* ; 1 vol., Paris, 1925, p. 164.
(3) Edit. Vitte, t. XIV, p. 251.
(4) Sur les derniers jours de la vie de J. de Maistre, voir Dermenghem : *Joseph de Maistre mystique*, op. cit., p. 30-31, et la Note bibliographique.

Le 26 février 1821, J. de Maistre mourait.

La nouvelle de sa mort se perdit dans le bruit de l'insurrection carbonariste qui éclata à Turin le 10 mars 1821 et qui fut suivie de l'abdication de Victor-Emmanuel Ier en faveur de son frère Charles-Félix.

F. Vermale.

TABLE DES MATIERES

LIVRE V

J. de Maistre en Russie (1803-1817)

LIVRE VI

Le rêve religieux de J. de Maistre

LIVRE VII

J. de Maistre et Louis XVIII

LIVRE VIII

IMPRIMERIES RÉUNIES DE CHAMBÉRY
3, rue Lamartine, 3

www.ingramcontent.com/pod-product-compliance
Ingram Content Group UK Ltd.
Pitfield, Milton Keynes, MK11 3LW, UK
UKHW022107260726
13993UKWH00001B/370

9 782329 286105